- **杭州师范大学“攀登工程二期”传统特色学科（美育与艺术教育）建设项目成果**

文化创意产业新趋向

浙江省文化创意产业研究报告

范小春 主编

目 录 | *Contents*

杭州“十三五”文创产业人才队伍建设研究（2015—2020）

张　伟　郭持华　何明燕　薛　莹　俞晓霞　林慧丽

为大力实施杭州“人才强市”战略，紧紧围绕杭州市委、市政府建设文化名城、文化强市和打造“全国文化创意中心”的目标，以加快杭州文创产业人才队伍建设为主线，按照《国家中长期人才发展规划纲要（2010—2020 年）》的总体要求，服务于《杭州市“十三五”建设人才高地思路及对策研究》，市委宣传部（市文创办）与杭州师范大学组成《杭州市“十三五”文创产业人才队伍建设研究》课题组，开展杭州文化创意产业人才队伍建设专题研究。

2014 年，杭州文创产业增加值达 1607.27 亿元，增长 15.9%，高于全市 GDP 增速 7.7 个百分点，占全市 GDP 的比重达 17.5%，比上年提高 1.2 个百分点。文创产业限额以上企业实现主营业务收入 2842.07 亿元，增长 15.6%；实现利润总额 587.32 亿元，增长 34.5%。这些成绩的取得原因是多方面的，但是其中重要的原因是杭州市大力推进“人才强市”的结果，文创产业人才已经成为杭州文化创意产业发展的第一推动力。

与科技专门人才相比，文创产业人才属于综合性、创造性的人才，很难用单一属性加以界定，具体说文创产业人才是指具有综合性的文化创意产业知识或技能，进行创造性劳动，从事文化创意产品或服务的原创、生产和经营管理工作，并对文化创意产业做出贡献的人，是文化创意产业人力资源中能力和素质较高的劳动者。

首先，文创产业人才从工作性质上看，可分为一是文化创意策划或设计者即原创者，具体指那些策划或设计原创性文化产品或服务的人才；二是文化创意生产者即将创意策划或设计转化为文化产品和服务的人才；三是文化创意经营管理者即将文化创意产品或服务推向市场，形成产业，并进行经营管理的人才。具体包括：1. 文创产业领军人才，主要指能在文创行业开创新的领域，突破关键技术，带动相关学科，在全国有影响的人才；2. 文化创意人才，主要从事内容创作和设计制作的人才，具有文化创新性，能够将抽象的文化直接转化为具有高度经济价值的文化产品的能力的人才，这其中包括偏才、怪才、草根人才等。3. 文创产业技术人才是具有较高的技术水平，使原始的文本和创意通过他们的技术手段转化为文化产品的人才；4. 文创产业经营管理人才，既熟悉文化领域工作，又谙熟市场经济规律，能够对文创产业环境进行科学的评估和把握，并擅长文创产业市场运作，经营管理经验丰富的人才，这其中包括文化科技人才、文化金融人才、中介机构人才、跨界人才等。

其次，文创产业人才从知识结构上看，是需要具备“ABC”知识的人。“A”即 ART，艺术知识。艺术的本性是创造，也是文化创意的原动力，艺术可以为文化创意插上想象的翅膀，驰骋创意的天空。“B”，即 Business，商业，文化创意要转化成文化产品或服务，同时要把文化产品或服务推向市场，这样，商业知识必不可少。“C”即 Computer，计算机，在互联网＋的时代，计算机知识已经成为所有人才的必备条件，文创人才对于计算机知识的掌握尤为重要。

最后，文创产业人才从性格特征上看：一是富于创新的人才。

所谓富于创新人才就是具有创新意识、创新精神、创新能力并能够取得创新成果的人才，主要具有以创新能力为特征的高度发达的智力和能力。二是个性自由的人才。个性自由的人才就是一个作为真正自由的人、具有个体独立性的人。这类人不盲从，不受习惯势力的限制和约束，不屈从于权威意见，希望有自由的时间与空间。三是具有强烈冒险精神的人才。这些人敢于在创造过程中勇于冒犯错误的风险，敢于正视创造过程中出现的失败和曲折。

如何依托上述文创人才的优势，寻求杭州文化创意产业战略性突破等问题是本研究重点所在。本次调研采用问卷调查、专题座谈、实地调查等形式，运用统计方法对全市文化创意产业人才队伍建设发展现状及特点进行分析，查找问题，思考对策，为加快杭州市文化创意产业发展提供参考，并为杭州市“十三五”文创产业人才发展规划奠定基础。

一、杭州市文创产业人才发展基础

（一）文创产业人才政策齐备有效

1. 出台相关政策，重视人才培养

《中共杭州市委、杭州市人民政府关于打造全国文化创意产业中心的若干意见》、《杭州市“十二五”文创产业发展规划》、《关于加快文化创意产业人才队伍建设的实施意见》、《青年文艺家发现计划》、《关于开展杭州市十大产业文化创新团队推荐工作的通知》、《关于杭州市高层次人才、创新创业人才及团队引进培养工作的若干意见》等政策的先后颁布实施，体现了对文创人才工作的高度重视，增加了人才培养力度和渠道，也提升了人才培养的结构和水平。

2. 建设载体平台,促进人才发展

先后建设了 24 家文创园区、35 家文创楼宇和 10 家文创小镇。积极推进两岸文化创意产业合作实验区、中国(浙江)影视产业国际合作实验区(总部)、国家广告产业园、杭州创意设计中心等重点文创园区的建设。也依托中国美术学院、浙江大学、杭州师范大学、浙江传媒学院等在杭高校和社会教育培训机构,以动漫游戏、文化演艺、女装设计等行业为重点,实施了大学生创业实训工程,建设了 10 家大学生创业孵化基地和 14 家大学生实训基地,实训大学生总数量超过 12000 人,为不同层次的企业营造了良好的创业平台和空间。

3. 完善保障体系,加强产权保护

相继出台《高层次留学回国人员(团队)在杭创业创新项目资助实施办法》、《杭州市大学生创业三年行动计划(2014—2016年)》、《杭州市文创产业无形资产担保贷款风险补偿基金Ⅱ期组建方案》、《杭州市文化事业发展专项资金管理办法(试行)》、《杭州市文化类民办非企业单位扶持专项资金管理办法(试行)》、《杭州建设国家级文化和科技融合示范基地的实施方案》、《关于加快推进文创产业西进的实施意见》等政策,从多个方面提供了保障举措。

(二) 文创产业人才环境和谐优良

1. 构建和谐城市生态环境

文化创意产业园的建设,是借助于城市“退二进三”的转型发展机会,对旧有的工厂园区及厂房,进行艺术化的整修和改造,进驻文化创意类型的企业,从而实现工厂制造业旧址的艺术服务业赋新。文创小镇的建设,是借助于城市中的乡村空间,引入新兴的文化创意企业,以自然与艺术相结合的村落人居环境来吸引企业入驻,是对农业生产与居住环境的艺术化创作和使用。

2. 营造优良文化创意环境

注重激励关怀,注重对服务能力的增强。坚持以人为本,从物质、精神、事业、情感多个层面实行激励,以良好的工作待遇和优质的服务来调动文化创意人才创新创造的积极性。鼓励文创企业采取灵活多样的形式,为不同层次的人才提供相应的薪酬待遇,在住房、家属安置、子女入学等方面提供贴心优质的服务,以解除后顾之忧。

3. 打造先进教育培训环境

先后开设“企业经营管理者‘356 工程’培训工程”(现杭商学堂)、“文创企业家孵化工程培训班”、“成长型文创企业高端培训班”和“复合型文创青年培训班”等培训课程,搭建起了文创人才相互学习和交流的平台,有利于促进人才成长。

(三) 文创产业人才数量大幅增加

1. 杭州市文创产业人才历年规模

杭州文化创意人才的规模数量逐年递增,从 2010 年的 28.06 万人增至 2014 年的 33.68 万人(见图 1),年平均增长率为4.65%。至 2014 年末,杭州文化创意产业核心层从业人员 29.27 万人,增长 4.7%,占全部限额以上单位从业人员的 86.9%。分行业看,文化会展业、信息服务业、设计服务业位居增速前三位,从业人员分别增长 10.4%、8.8%和 5%。2014 年成立大学生创业企业 1581 家,带动就业 6271 人,其中文创企业 453 家,占所有创业企业比例达 28.7%。

2. 杭州市文创产业人才业态分布

杭州文化创意人才调查显示,信息服务业的从业人数最多,占到 30.27%;其次是设计服务业的从业人员,占到 21.62%;教育业

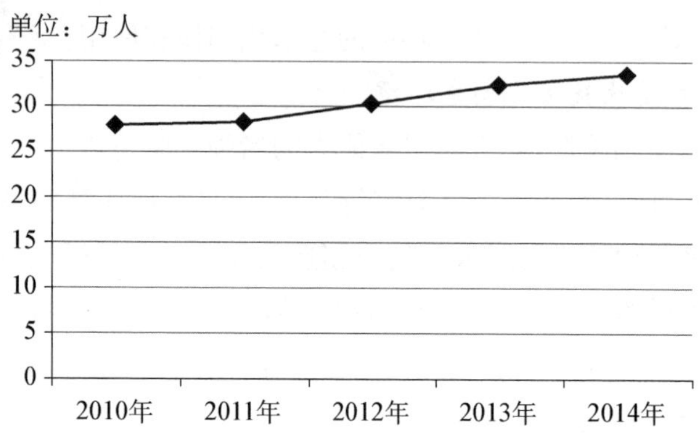

图 1　2010—2014 年杭州文化创意人才的年度规模总量

从业人员占到 17.30%；文化休闲旅游业从业人员占到 11.35%；现代传媒业从业人员占到 7.03%；动漫游戏业和文化会展业的从业人数相对较少，均是占到 4.86%（见图 2）。

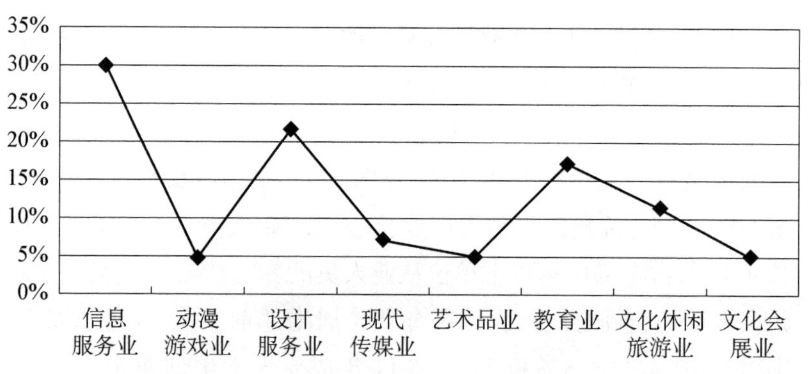

图 2　2015 年杭州文化创意人才问卷调查的业态分布

（四）文创产业人才素质明显提升

1. 高端人才比例不断提高

先后引进了余华、麦加、蔡志忠、赵志刚等 30 余位文化名人以不同形式落户杭州。拥有全国、省级、市级宣文系统“四个一批”人才 7 人,国家级工艺美术大师 13 人,省级工艺美术大师 28 人,市级工艺美术大师 34 人,国家级非遗传承人 10 人,省级非遗传承人 44 人,市级非遗传承人 62 人。

2. 复合型人才有所增加

“杭州市文创企业家孵化工程”、“杭州市成长型文创企业培训班”的培训课程,以及“杭州影视业国际化青年人才培养计划”、“创意杭州广告大赛优秀获奖选手赴国外培训计划”、“优秀工业设计师赴国外进修计划”等,为杭州文创人才的复合化发展提供了平台和机会,使本土的复合型人才有所增加。

(五) 文创产业人才结构不断优化

1. 年龄结构合理

杭州文化创意人才调查显示,21—29 岁、30—39 岁的年轻人分别占到 51.89%和 33.51%,20 岁以下和 40 岁以上的人员比例只占 4.86%和 9.73%(见图 3)。

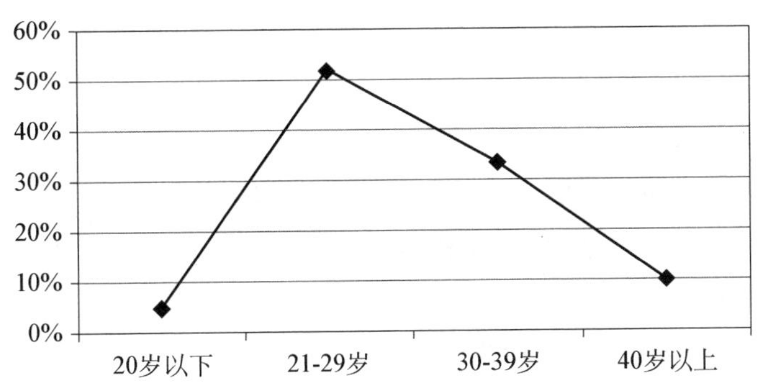

图 3　2015 年杭州文化创意人才问卷调查的年龄分布

2. 学历层次较高

杭州文化创意人才调查显示，74.59%的人员具有大学学历，11.89%的具有研究生学历，初中及以下学历水平的只占1.63%，高中和中专学历水平的占11.89%（见图4）。

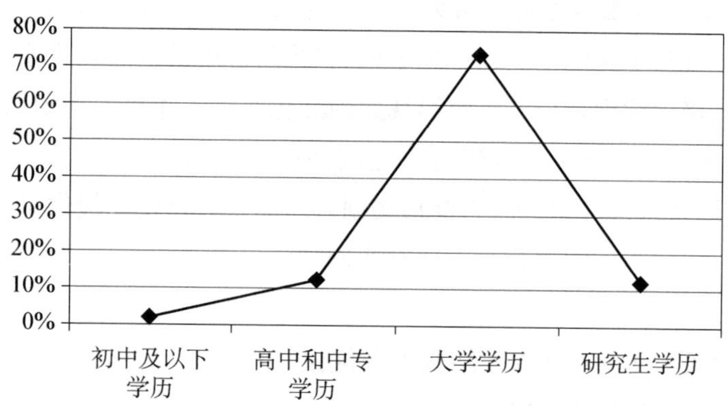

图4　2015年杭州文化创意人才问卷调查的学历分布

（六）文创产业人才工作运行高效

1. 实施文创产业人才战略

每年各级财政用于人才引进、资助、培养、奖励、各类创投基金投入、人才创业平台建设、人才工作运行等方面的投入，都有充足保证。加强与国内外重要的文化机构的合作，多路径地寻找文化创意人才。重视对引进人才和本土人才的培养和服务，积极构筑人才交流的国际平台，积极利用培训机制加强对人才素质和水平的继续提升。

2. 整合资源建立创业平台

注重为项目搭建引导平台，2013年市级文创专项资金对全市411个公开申报项目给予立项扶持，带动社会投资88.88亿元。

两岸文化创意产业合作实验区、中国国际影视产业合作实验区、国家广告产业园、杭州创意设计中心等重点文创园区的建设有序推进,为文化创意企业提供了良好的创业环境。

3. 创建多层次学习载体

开设“杭州市文创企业家孵化工程”、“杭州市成长型文创企业培训班”等,满足不同阶段文创企业的需求。先后启动“杭州影视业国际化青年人才培养计划”、“‘创意杭州’广告大赛优秀获奖选手赴国外培训计划”、“优秀工业设计师赴国外进修计划”等重点人才建设项目,已选拔了70余位优秀人才出国深造。

二、与国内外人才发展先进城市的比较与挑战

(一) 先进城市的经验与做法

1. 以市场需求为导向加大人才培养

在纽约,文创人才的培养主要以市场需求为导向,根据城市发展需要和人才需求结构,构建完整的、分层次的人才培养体系,加大紧缺人才的培养力度,为纽约占总劳动力30%的创意阶层输出了大量人才。而伦敦在创意教育方面的实力首屈一指,东伦敦大学、伦敦学院等高校相继开设了层次多样的创意类专业,形成以创意类学科为主,经济学、管理学、营销学、金融学、文化学、传播学、艺术学等多学科辅助发展的学科体系,为创意人才的培养奠定良好的基础。从1997—2005年间,英国已培育12万多家创意企业,与创意产业相关的就业人员占英国就业人口的一半。首尔则于2000—2005年间投入数千亿韩元,培养文创复合型人才,重点培养电影、卡通、游戏、广播等产业急需人才,为韩国影视动漫的崛起提供动力。

2. 以高端人才为目标注重人才引进

国内外的许多城市都将引进高层次人才作为带动城市建设整体能力提高的龙头工程。香港专门颁布了《优秀人才入境计划》，该计划在2003—2009年实施期间，成功延揽了各类高端人才886人。北京、上海等也坚持人才优先发展、优先投入，推动人才发展由数量扩张向质量提升，加大高端人才的引进力度。譬如北京，就以“政策为产业开路”的相关优惠政策吸引着创意人才源源不断地进入，并且还出台了相关的政策，例如降低投资门槛、完善知识产权等法规政策、提供资金支持等，对创意产业给予引导和完善。

3. 以交流合作为措施弥补人才外流

加强多渠道的合作交流，能够有效弥补创意人才的流动特性。纽约、柏林、东京等城市，都通过建立各类创意中心，鼓励以教育、金融、分工等多种方式展开国际间的交流合作，吸引海内外高层次人才。2006年伦敦艺术大学北京创意产业中心正式启动，开展由英国政府资助、伦敦艺术大学负责组织实施的“世界创意之都”项目，成功地实现了两地人才的交流与合作。东京也非常注重国内与国际间的交流，针对国内市场，采取多种不同方式促进流通，建立创意人才国际交流网络，同时积极促进与国外文化创意从业人员的合作，建立国际间的制作人的合作网络等，充分调动了创意工作者的积极性。

4. 以行业协会为载体实施人才开发

行业协会是人才开发的有效载体。东京就曾借助动漫发展的有利时机，由杉并区动漫节组委会成立了杉并动漫振兴协会，协会通过举办研讨会、普及动漫文化等活动吸引和培育创意人才，从而激活了东京乃至整个日本的动漫产业。伦敦启动了名为“创造性伙伴关系”的文化项目，即学生在校期间可以和相关机构取得联系,告知自己的创意、概念、想法,一旦通过审核,该机构就会给学生资金,并提供多位专家帮助学生创业。这些项目有效地整合了资源,通过大学与创意机构合作培训,开发了大批创意人才。

5. 以多种方式为途径完善人才挖掘

竞赛是发掘创意人才的有效途径。北京举办的中华青年创意竞赛,上海举办的大学生创意设计大赛等,使一批才华横溢的创意人才脱颖而出。各种节日、文化创意相关的会议等是汇聚人才的重要途径,北京、上海等城市每年都会举行电影节、戏剧节、艺术节、文化节等等,为人才提供了交流的契机。在创意人才集聚的地区设立办事处也是发掘人才的有效方法。东京的一些动漫公司,就在美国、香港等地区设置专门的工作室,招揽当地出色的动漫人才。此外,“猎头公司”也是企业挖掘创意人才的常用方式。北京、上海等城市的猎头公司,它们信息灵敏、目标性强,有自己的人才库,会分析客户需求,面试选拔后做出候选人报告供企业抉择。

6. 以人尽其才为标准强化人才使用

人才的有效使用也是人才建设的重要内容。纽约创意产业中的多数机构岗位分工合理,团队组建灵活,充分发挥双方或多方合作的积极性,使他们的优势得到最佳发挥。上海 40 家跨国公司的薪酬调查显示,它们为毕业生提供的薪酬远比一般企业薪酬水平高,这些利益激励机制,直接吸引了能力强的创意和管理人员的加盟,并使他们很快获得荣誉感和归属感。同时,加强“产学研”合作,缩短学用落差,积极推动校企共同制定人才培养标准,组织学生到文化企业参加实习,邀请有实践经验的业内人士担任实践专家和兼职教师等方式,解决学校教育与社会需求脱节的问题。

7. 以文化设施为平台深化人才服务

具有人文气息和创意氛围的城市总能吸引更多优秀的创意人才，政府应该积极设立文化设施平台，建立创意产业园区，为创意人才提供交流的平台。广州到 2012 年已陆续建立了 20 多个创意产业园区，包括国家网游动漫基地、广州创意产业园等等。一些老城区，例如越秀、荔湾等根据市政府战略，也都纷纷制定了本区的文创产业发展规划，加快推进园区建设。目前，广州市文化创意产业发展已经上升到“功能分区”的战略高度，建立文化创意功能园区，例如天河区主导“软件新媒体”产业发展，海珠区主导“影视会展”产业发展，越秀区主导“动漫文化旅游”产业发展等，因地制宜，优化布局。

（二）杭州文创产业人才队伍建设面临的挑战

1. 高端人才相对缺少

杭州的高端复合型人才在逐年增加，但与北京、上海等城市相比，还存在明显的差距。从业者具有研究生以上学历的比例较低，只有 11.89%，中高端人才特别是高端创意、管理、策划等专业人才缺乏，存在人才结构性需求矛盾。

2. 业态分布尚不均衡

从文创产业的行业大类上来看，结构存在一定的失衡现象。八大行业大类中的人才比例存在一些差距，其中动漫游戏、艺术品业、文化会展业的人才比例尚不足 5%，这在一定程度上阻碍了杭州整个文创产业的协调发展和总体提升。

3. 人才培养不够充足

杭州文创人才培养还不够充足主要体现在：截至 2014 年末，杭州拥有文创人才 33.68 万，但与北京、上海等城市相比，在总量上存在明显的差距;杭州文创产业人才有许多是从传统产业转移而来,缺乏专门的创意理论和实践经验,人才总体素质不高;杭州文创产业人才呈年轻化特征,有 51.89%的从业者年龄大多在 20—29 岁之间,从业年限多在两年之内,需要进修和提升的空间较大。

4. 人才市场有待健全

杭州文创产业的人力资源市场还有待完善,表现为:人才资源未能得到有效整合。人才信息平台的信息量少、更新慢,起不到明显的桥梁作用;对人才科学、系统的评价机制尚不完善;人才服务项目主要依赖于政府提供的公共服务产品,社会团体所提供的服务内容单一、专业化和国际化程度较低,不能适应人才流动的需要;政策宣传有待提高。政府出台并公布的许多文创产业政策,但据调查,有很多企业表示不太了解。

三、杭州市文创产业人才发展战略

(一) 指导思想

坚持以中国特色社会主义理论为指导,以实现“中国梦”促进文创产业跨越式提升为主题,紧紧围绕杭州市打造“全国文化创意中心”的目标,以开发高层次、高技能文创人才为重点,以优化人才发展环境为保障,大力加快人才发展体制机制改革和政策创新,扎实推进结构合理、素质优良的文创人才队伍建设,为全市文创产业发展提供智力保障与人才支撑。

(二) 基本原则

1. 坚持创新机制、优化环境

创新人才评价发现、选拔任用、培养开发、激励保障、流动配置机制，宏观层面通过政府给予文创产业的扶持政策吸引人才，微观层面通过科学的人才管理留住人才，最大限度激发人才的创造活力。打造尊重人才、见贤思齐的社会环境，公开平等、竞争择优的制度环境，鼓励创新、宽容失败的工作环境，促使优秀文创人才脱颖而出。

2. 坚持整合资源、增强合力

依据文创产业不同细分门类特点，进行产业要素的整合与协调，构建共性与个性化政策支持体系。坚持部门联动、合力推进，通过优化整合全市文创人才工作政策，逐步消除人才政策“碎片化”、“多小散”问题，加快推进人才政策一体化、扶持资金规模化。建立健全文创人才统计和定期发布制度，推进文创人才工作信息化建设，建立文创人才信息网络和数据库。

3. 坚持高端引领、统筹兼顾

开发利用国内国际两种人才资源。针对杭州市八大重点业态，明确高端文创人才的评价标准，制定文创产业关键人才的引进目录，充分发挥高层次人才在各细分领域的引领作用。要坚持保高端和全覆盖相结合，加强基层和一线文创人才队伍建设，不断提升应用型、技能型人才的综合素质。

4. 坚持政府引导、市场主导

完善政府宏观管理、市场有效配置、单位自主用人、人才自主择业的文创人才管理体制。政府要紧紧围绕杭州市打造“全国文化创意中心”的战略目标，加快集聚优质资源要素，以一流环境集聚一流人才。要积极培育文创人才行业组织和中介服务业，充分发挥市场配置人才的基础性作用。

5. 坚持能力为重、以用为本

建立以能力和业绩为导向的人才评价机制，不拘一格引进、培养和使用人才,不唯学历、不唯职称、不唯资历、不唯身份,以提升能力素质为主线、以使用为根本,在使用中培养和提升能力。同时,加强文创人才培训工作的力度。

(三) 人才需求预测

以构建“全国文化创意中心”为总目标,通过文创人才事业建设,构建文创产业与旅游、科教、制造、农业融合发展新机制,促进文创产业化、产业文创化,进而进一步提升文创产业质量和规模,进一步完备文创产业发展保障体系,进一步健全文创产品和要素市场。

基于产业未来发展需要,按照高中低三个不同增长率来预测,大致结果为:

按过去 5 个年度人才总量平均 4.67%的实际增长率预测,力争到 2020 年末,在总量上人才增长至 44 万左右;

按年度人才总量 6%的增长率预测,力争到 2020 年末,在总量上人才增长至 48 万人左右。

按年度人才总量 8%的增长率预测,力争到 2020 年末,在总量上人才增长至 53 万人左右。

以下各项指标均按中等增长率即 6%计算,到 2020 年人才总量将在 48 万左右。

(四) 主要目标

以构建“全国文化创意中心”为总目标,培养和引进一批世界一流文创人才。基于文创产业发展需要,力争到 2020 年末,在人才总量上增长至 48 万左右,打造国际知名、国内一流的文创人才中心。

1. 文创产业人才总量目标

截至2014年末，全市规模以上文创产业从业人员为33.68万人。根据杭州市文创产业“十三五”规划和文创产业发展实际情况，按年度人才总量6%的增长率预测，到2020年，全市文创产业从业人员为48万左右，出现一批文创产业标杆企业和领军人物。

2. 文创产业人才结构目标

高端人才和领军人物的引进。“十三五”期间，贯彻落实全市人才新政“27条”，加大对文创高端人才的引进力度。在全球范围内抢抓引领八大产业发展的领军型人才及其配套团队；引进或培育一批有影响力的国内知名设计师和创意大师；吸引一批国内外文化艺术名人、创意设计大师在杭州建立工作室。到2020年，引进高端外国专家10名，引进国外文创项目50个，力争一批海外引进的领军人才进入省海外高层次人才引进“千人计划”。

面向全球引进5个海外优秀创新创业团队，引进20名带着重大项目、带领关键技术、带动新兴学科的海外高层次创新创业团队，建立1个创新人才培养示范基地。

国际化人才的培养。加强与海外高校和研究机构的交流与合作，培养具有国际视野的文创人才。每年选派3名培养人选到国内外著名高校、科研院所参加中长期培训；每年组织2名培养人选赴国外高校、科研院所和企业参加短期培训。

经营管理人才的孵化。加大文化创意督导引进和培养力度，在文化创意师、高级文化创意师和高校文化创意专业教师中选拔培养一批本土化文化创意督导人才，到2020年达到500人以上；2016至2020年间，每年举办文创企业家孵化工程培训班6期，共培训企业管理人员1500名。

技能型人才的培训。着力推进文化创意培训与继续教育基地建设。到2020年,具有文化创意专业专科以上学历和取得文化创意职业水平证书的文化创意专业人才在文创人才队伍中的比例不低于50%。到2020年,重点建设3个市级示范文化创意人才培训与继续教育基地,支持1—2个基地进入省级或国家级继续教育基地建设范围,基本实现文创从业人员专业培训全覆盖。

3. 文创产业人才效能目标

到2020年,按照可比价格年15%增长率计算,文创产业增加值将达到3717.78亿元,文创产业从业人员总数按照年增长率为6%计算,将达到48万人,人均文创产业增加值为77.45万元。

	2010	2011	2012	2013	2014	2020
文创产业增加值(亿元)	702	843.3	1060.7	1359.5	1607.3	3717.78
文创产业从业人员总数(万人)	28.06	29.10	30.20	32.31	33.68	48
人均文创产业增加值(万元)	25.08	28.97	35.12	42.07	47.72	77.45

图5　人均文创产业增加值表

四、杭州文创产业人才发展重点

(一) 主要任务

1. 超常规引进国内外高层次创新创业人才

高层次创新创业人才是文创产业发展的核心要素,要大力开发利用国际国内两个人才市场和两种人才资源,着力引进我市急需的文创产业高层次创新创业人才。进一步完善引进人才来杭工作、鼓励留学人员来杭创业的政策措施,落实引进高层次紧缺人才的奖励资助办法。拓宽引才引智渠道，消除各种体制性障碍，为人才引进提供高效便捷的服务，采取灵活多样的人才柔性流动政策，支持猎头公司发展，不拘一格引进人才和智力。鼓励以短期聘用、兼职、合作研究、项目招标、技术指导等方式，大力引进我市文创八大重点业态中的重点项目、关键技术等紧缺急需的高层次人才。

2. 下力气培养造就创新型高层次文创人才

创新型高层次文创人才培养是文创产业人才发展的重中之重的任务。要在国民教育中增加文创专业人才的培养，全力支持杭州师范大学文创学院建设。专业设置要适应市场需要，大力推行校企合作、开展订单式文创人才培养，提高学生的实践知识和解决问题的能力。要搞好继续教育，依托高等院校、科研院所和其他培训机构，加强文创产业经营管理人才培训，建设一批示范性高技能人才培养基地和公共实训基地，加快高技能人才培养。加强文创产学研合作协作，建立政府指导下的以企业为主体、院校为依托、市场为导向、多种形式的产学研战略联盟，通过共建科技平台、开展合作教育、共同实施重大项目等方式，加大产学研合作培养文创人才的力度。实行“人才＋项目”培养模式，依托重大人才计划和重大科研、工程、产业攻关等项目，在实践中集聚和培养创新人才。

3. 用功夫选拔中小文创企业创新创业人才

将中小企业文创人才发展纳入全市人才发展体系之中，建立人才工作组织体系向中小企业延伸的人才工作新机制，加强中小企业人才公共服务，促进中小企业人才快速发展。改革文创人才选拔使用方式，促进人岗相适、用当其时、人尽其才，形成有利于中小企业文创人才脱颖而出、充分施展才能的选人用人机制。加强中小企业经营管理人才队伍建设，努力培养造就一批具有战略眼光、市场开拓精神、管理创新能力和社会责任感的优秀中小企业企业家。关注文化创客即那些由于兴趣爱好努力把各种文化创意变为现实的人,特别是关注那些热衷于设计的艺术家、设计师以及软件开发者。打造一批创客空间,以低廉价格出租园区空间,鼓励创客团队入驻,在孵化一个阶段后,以租金换股权,实现文化创客和创客空间的共赢。

4. 多举措开发文创重点领域紧缺急需人才

多举措推进八大重点领域紧缺急需文创人才开发,实现各个业态文创人才队伍协调发展。

(1) 信息服务业人才:通过开展研修班、高端论坛、沙龙等活动,发现和培育一批有创新意识与发展潜力的信息服务业企业经营管理者;大力推进大学生创业实训工程,促进信息服务类高校毕业生的就业创业;举办信息服务业高端人才专场招聘会,吸引高素质信息技术人才;开展多种形式的信息技术职业技能竞赛,选拔出优秀的信息技术人才。

(2) 动漫游戏业人才:依托动漫游戏企业及相应的产业集聚区,吸引动漫游戏高端创意和经营管理人才创业;以院校培训、创意力量大讲堂等形式,加强对本土动漫游戏业人才的培养,培育一批优秀的编导、制作和运营管理人才;积极参加国内外各类动漫节展赛事,发现、挖掘一批优秀的创意、创作人才。

(3) 设计服务业人才:与高等院校、培训机构、设计机构等社会力量合作,构建起专业设计人才的数据库;积极鼓励和引导本土企业引进高端设计人才;以专业设计企业和各文化创意产业园为依托,挖掘一批优秀设计人才,强化专业设计人才培训,实施杭州青年设计师发现计划。

(4) 现代传媒业人才:以现代传媒企业为依托,加大对新闻出版经营管理、营销策划人才团队的整合和引进力度;重点加大对新媒体专业人才的培养力度，促进人才“跨专业、跨媒体、跨部门”流动，加快培育一批懂技术、会经营、善管理的复合型传媒人才。

(5) 艺术品业人才：依托杭州重要的艺术机构，加快培养国家级非遗传承人、工艺美术大师、艺术品鉴定师、艺术品评估师、艺术品评论家、艺术策展人与经纪人等专业人才；实施青年艺术家推广计划，收藏和推广一批杭州青年艺术家的优秀作品，为青年艺术家提供创业的发展空间及机遇。

(6) 教育培训业人才：积极贯彻实施《杭州市民办培训学校管理办法》，鼓励和吸引更多的社会力量投资兴办教育培训业，规范和鼓励民办培训学校发展；开展民办培训学校特色品牌项目建设，整合、扩大和优化教育培训资源，以市场为导向，全面提升培训学校的办学水平和教育质量。

(7) 文化休闲旅游业人才：调动有关协会团体的力量，重点围绕美食、文化演艺、运动休闲、保健行业等领域，积极开展专业人才培养工作；以旅游产品设计、营销、管理及导游等为重点，不断提高行业从业人员自身素质和职业技能水平，努力实现人才建设工作新突破。

(8) 文化会展业人才：以杭州各项会展活动和会展企业为依托，打造杭州会展人才高地，加大对国内外优秀文化会展人才的引进力度；加强后备人才队伍培养，提升会展专业学历教育层次，深化产学研合作，通过志愿者服务、教师挂职锻炼、学生社会实践等形式，为文化会展专业教师、学生提供更多的人才培养平台。

5. 加强服务推进区域文创产业人才协调发展

完善文创人才公共服务体系，增强服务功能，提高服务质量。大力开发公共服务产品，积极发展人事代理、社会保险代理、企业用工登记、劳动人事争议调解仲裁、人事档案管理、就业服务等业务,满足各类人才的多样化需求。服务于“大众创业、万众创新”形势需要,加强创业技能培训和创业服务指导,创建创业服务网络,探索多种组织形式,为文创人才创业提供服务。

(1) 坚持协调发展的原则,统筹全杭州文创人才资源开发。加大西部文创人才开发投入,在工资、职务、职称等方面实行倾斜政策。推进文创人才资源市场一体化建设,实现文创人才资源共享。

(2) 促进公有制与非公有制经济组织、新社会组织文创人才队伍协调发展。完善非公有制经济组织、新社会组织人才发展政策,努力消除各种体制机制障碍,推进非公有制经济组织、新社会组织人才快速发展。支持人才创新创业的资金、项目、培训、信息等公共资源,向非公有制经济组织、新社会组织人才平等开放。政府开展人才宣传、表彰、奖励等方面活动,非公有制经济组织、新社会组织人才平等参与。

(二) 重大项目与工程

1. 正在实施的重大项目与工程

继续实施“青年文艺家发现计划”、“杭州影视业国际化青年人才培养计划”、“中国杰出女装设计师发现计划”、“工艺与民间艺术薪火传承计划”等重点项目。

继续实施文创人才“海外引智”工程和“创新团队”扶持工程。

办好“白马湖文创讲堂”、“杭州文创企业家孵化工程培训班”、“成长型文创企业高管培训班”、“创意力量大讲堂”等活动。

2. 拟定实施的重大项目与工程

(1) 青年设计师人才发现计划

为助力我市青年设计师开拓视野,提升专业设计水准,提高设计领域的创新能力，可通过赛事推广、创意培训、助推项目、报名支持等一系列活动，引导和鼓励青年设计师快速成长。每年举办“杭州市青年创意设计大赛”，对获奖者提供奖金、成果宣传、专业培训等全方位的服务，并为具备可行性和市场性的创意提供从孵化、推广到销售的政策扶持，实现从创意到创新再到创业的多赢目的。

（2）高端策划人才培养计划

为培养造就一批引领和支撑文创产业的高端策划人才，应制定高端策划人才培养计划。因为在文创领域，策划人才极为重要，一个点子就是一项产业，一个策划就可能带来千万级别的利润。培养人选应在全市文创实践领域优秀专业人员中选拔，应该是那些策划过重大项目，并且取得的成果产生了显著的经济社会效益的人才。

（3）文创领军人才培养计划

服务杭州文创产业发展需要，培养造就一批政治素质过硬、创新能力卓越、引领作用突出、团队效应显著、在国内和国际上处于领先地位的文创领军人才。完善项目支持、经费资助、培训进修等措施，加强文创领军人才培养。文创主管部门和文创领军人才所在单位配套安排相应专项经费，用于文创领军人才培养。建立完善目标管理、跟踪管理等制度，加强文创领军人才管理考核。

（4）“文创名家培育工作室”工程

在文创产业重点业态每年遴选 10 名已经成功孵化并显示出强劲发展态势的杰出人才，协助其优化团队，成立“名家培育工作室”，文创主管部门和“文创名家”所在单位配套安排相应专项经费，并在重大课题、重点研发、重要演出以及开展创作研究、展演交流等方面予以重点资助扶持。建立完善目标管理、跟踪管理等制度，培养造就一批政治素质过硬、创新能力卓越、引领作用突出、团队效应显著、在国内和国际上处于领先地位的文创领军人才。

（5）万名青年“创客”训练营计划

重点面向在杭高校大学生开设寒暑期“青年创客训练营”，支持成立创客联盟、创客专委会，开发创客启蒙、进阶教育等培训课程。建成10个以上文创实习实训基地，每年提供2000个以上大学生寒暑期见（实）习岗位，每年举办一次杭州创客周活动，推动创客空间和创新成果等向青年开放，激发青年参与热情，计划5年培养10000名大学生创客，助力建设杭州国际创客中心。

（6）文创经营管理人才能力提升计划

有计划、分层次逐步提升现有文创人才的创新创业能力与经营管理能力，利用在杭高校特别是杭州师范大学文创学院的力量，每年举办300人次以上培训班，集中培训课程不少于60课时，培养具有文化创意产业管理、艺术产业、创意策划与设计管理、品牌战略与经营管理等专业理论基础，并能够胜任相关专业领域的高层次复合型创业人才。

（7）杭州文创产业智库建设计划

启动杭州文创产业智库项目建设，聚焦我市文创产业所面临的重大现实问题展开应用对策研究与战略研究。建设我市文创项目与人才的专题数据库、资料库、人才库。以智库建设为抓手培养并造就一支具有全国影响力的文创产业研究队伍，打造一个与杭州文创产业实践发展水平相适应的研究高地。

（三）重大平台

1. 重大文化活动平台

进一步发挥“西博会”、“中国国际动漫节”、“西湖创意市集等”

重大活动平台的展示、交流和推广作用，在此基础上积极拓展思路，进一步设计开发引进如“西湖国际电影节”、“杭派服装节”、“海峡两岸传统手工艺艺术节”等新的重大文化活动平台，继续扩大杭州的国际文化影响力。

2. 文创产业园区平台

着力改变文创园区管理主体“二房东”的角色，强化文创园区在政策解读、人才中介、财税咨询、法律咨询、融资信贷等方面的增值服务。加快公共服务平台建设工作，强化沟通交流的信息平台，通过公共媒介和平台展示文创企业形象和产品，健全文创产业园区的技术服务平台和融资平台。重视园区整体形象和重点企业的宣传策划和媒体推广，以提高文化创意产业园区和文化创意产业的知名度，从而吸引更多的文创人才入驻。

3. 文创实训基地平台

由政府牵头、企业支持，建设开发更多的文创实训基地平台。通过邀请有实践经验的业内人士担任实践专家和兼职教师，组织学生到文化企业参加实习，鼓励大学师生创办公司、成立工作室及专业设计团队等形式，让学生参与到文创产业的实践运作中去。鼓励高校与企业对接，开展人才订单式培养或共同进行项目开发，建立教学实习、实训基地，为杭州文创产业发展培养高层次的专业技术人才、优秀创意人才和复合型经营管理人才。

4. 文创产业孵化器平台

鼓励文创产业园管理方以独资、众筹等方式创办各种形式的文创产业孵化器，为创业初期的文创人才提供更好的服务与生存空间。鼓励支持如上城区的丰平·凤凰御元等文创产业园的创新性盈利模式，为文化创意领域的早期创业者提供低价或免费办公场地，并提供专业工商财税服务、事业发展指导，利用园区内的茶室、咖啡馆等公共空间,给初期创业者提供融资、咨询、人脉等方面的帮助,创业团队则以少量股权作为回报。

5. 国际文创交流合作平台

建立与“创意之都”如巴黎、纽约、米兰、柏林、香港、台湾等地的定期交流、研讨和创意培育合作机制,吸引海外的文化创意大师来杭办展、讲学、指导、交流;鼓励本土的文创人才通过互换交流、艺术展览、合作办学等形式走出国门,使本土文化经验与国际文化思潮、传统文化工艺与国际先进技术发展有效结合,从而培养具有国际视野的文化创意人才。

五、杭州市文创产业人才发展保障

(一) 组织保障

1. 明确职责分工,做好部门协调

以市、区(县)各级文创办为主,协调管理全市文创人才队伍建设,加强对基层文创人才组织管理。各区、县(市)是文创人才队伍建设的责任主体,负责文创人才规划的具体实施和管理。完善文化创意行业管理体制,充分发挥文化创意行业组织的功能作用,积极承接政府委托或转移的部分文创人才管理和服务职能,不断提高文化创意行业组织的管理服务水平。

各级党委政府要把实施文创人才建设规划纳入经济社会发展总体部署,根据分阶段、抓重点、重落实、明责任的原则,制定规划的年度实施计划和重点工程实施办法,分解落实方案,明确责任单位。建立健全实施情况定期通报、年度评估制度和目标责任制考核机制,加强督促检查。建立监测、评估和动态调整机制,根据文创人才队伍发展的客观现实可对规划内容进行调整。

2. 加大宣传力度，完善考核评估

通过报刊、广播、电视、网络及内部简报、信息，大力宣传杭州文创人才工作的政策和措施，积极宣传推介文创产业人才的业绩和成果。

依据《关于杭州市高层次人才、创新创业人才及团队引进培养工作的若干意见(2015)》，做好文创人才的分类工作，定期修订完善文创人才的分类细则和目录，针对不同类型的文创人才采取相对应的培养方式和考核方式；分类构建充分体现文创工作内在规律、以业绩作为主要衡量标准的人才评价体系，促进创意成果转化和产业化；打破地域、户口、身份的限制，实施职称社会化评审，促进人才资源的合理配置和有序流动；完善文创人才考核制度，建立与文创人才引进激励政策配套的绩效考核与退出制约机制；积极培育文化创意专业评估机构，逐步建立“第三方”独立评估制度，明确文化创意岗位职责规范。

(二) 政策保障

1. 人才引进居留落户政策

对于符合杭州市引进人才分类的 A、B、C、D、E 各级文创人才，依据《关于杭州市高层次人才、创新创业人才及团队引进培养工作的若干意见(2015)》，在居留落户、工作编制、住房、子女入学、医疗、公共服务等各方面予以政策上的保障和落实。

完善人才“柔性引进”政策，通过聘请专家顾问或客座教授、短期聘用、咨询、讲学、项目合作等“柔性”引进方式，吸引和聚集海内外的人才和智力，带动和促进本地文创人才整体素质的提高。对于符合钱江特聘专家条件和“115”引进国外智力计划的海外高端文创人才和文创项目，依据相关政策实施年薪制、资金资助以及配套资助;建立多种形式的"文创人才驿站",鼓励用人单位以项目聘用、岗位聘用、任务聘用、人才租赁等各种方式引进人才。

2. 人才创业创新扶持政策

根据《关于杭州市高层次人才、创新创业人才及团队引进培养工作的若干意见(2015)》,以及《杭州市优秀文化人才计划实施细则》等,加强对文创人才创业创新的扶持。对海外高层次留学人才在杭创新创业的重点项目、优秀项目和启动项目,经评审分别给予100万元、50万元和3万—20万元资助,特别项目给予100万—500万元资助。

对符合条件的文创人才创办企业,积极推荐股改、挂牌、上市,利用多层次资本市场加快发展。鼓励支持创新投贷联动、股权众筹等融资方式,积极打破行政壁垒,规范行政行为,进一步简化创业注册登记、行政审批、办证手续,减少和规范行政收费事项,减少对微观领域的介入,为文创人才创业发展营造良好环境;建设知识产权保护体系,率先细化与知识产权保护相关的各类政策,保护文创人才和用人单位的创新权益。鼓励文创产业创业,尤其是对于大学生创业、小微企业与孵化平台建设,按照相关政策规定全面落实相应的税收优惠政策。

3. 优秀人才激励政策

加大国家和省"千人计划"、杭州市全球引才"521"计划人选、杭州市领军型创新创业团队引进培育计划资助力度,重点扶持若干能够运用自主知识产权或核心技术创新创业的优秀文创人才,培养造就一批具有创新精神的文创产业企业家和文化创意大师;对引进的高层次人才按照不同层次,分别给予60万—100万元购房补贴。人才团队项目经评审认定后给予60万—2000万元资助。对顶尖人才和团队的重大项目实行"一事一议",最高可获得

1亿元项目资助。

把文创人才纳入杭州市政府每三年一次的杭州市杰出人才和杭州市突出贡献引进人才评定，入选后给予每人30万元和10万元资助。对于入选享受市政府特殊津贴的文创人才，每二年选拔一次，依据市政府分配的名额，给予每人2万元津贴。深化实施“131”中青年人才培养计划，对不同层次的培养人选，分别给予3万—13万元资助，积极组织培养人选开展国内外进修培训、导师结对等学术交流，提高专业能力。加大对青年优秀文创人才的扶持与奖励力度，激发人才创意培育及其成果转化的积极性，对符合相应条件且通过浙江网上技术市场实现成果转化的项目，经评审给予不超过60万元资助。创新创业人才和团队创办企业，其技术成果可作为无形资产入股，所占注册资本比例最高可达100%。对全市在文化创意创新、文创管理模式等方面做出突出贡献的高层次创新型人才给予重奖。对于列入高技能人才培训补助计划的文创人才、项目和大师工作室建设，根据相关政策给予相应资助和支持。

建立实施文创引才激励制度，对为我市引进国内外文创顶尖人才、国家“千人计划”人选、“省领军型创新创业团队”的个人和中介组织，分别给予30万元、10万元、20万元资助。

4. 产业园区建设政策

建立健全文创产业园区管理人才的引进、培养和发展机制；通过提供实习机会建立人才的培养机制等，引智入园；引进与文化产业相关联的其他配套产业，整合产业链，使文化创意产业园区成为集设计、制作、展示和销售于一体化的综合体，促进文创人才集聚。对经认定的市级人力资源服务产业园、留学生创业园、大学生创业园，给予50万元资助。每二年对全市的国家、省、市文创人才基地的人才引进、项目落地、成果转化等情况进行考核,对考核优秀单位,给予10万元资助。

5. 市校合作鼓励政策

重视发挥高等院校优势,建立产学研运行机制。充分利用中国美术学院、浙江大学、浙江传媒学院、浙江工业大学、杭州师范大学等众多在杭高校的文创人才培育优势和文创人才资源,积极与高校开展各种形式的文创人才调研合作、文创人才发展培育模式研究交流;支持在杭高校设立文化产业研究中心或文化产业相关专业,支持有条件的高校开设研究生专业,加强高校人才培养和学科建设,选择符合条件的高校建立杭州市文化产业人才培训基地并授牌,充分发挥高校培养文创产业人才的优势。推动校企合作,积极推出技能培训、管理培训、订单培训,在一定程度上实现文创产业与高校之间文创人才的联合培养模式,缩短文创人才的成才期。

(三) 资金保障

牢固树立“人才投入是效益最大的投入”的观念,加大文创人才工作的资金投入力度,坚持政府主导、多渠道筹集经费的原则,逐步形成政府、社会、用人单位和个人多元投入机制。将文创人才规划确定的主要任务、重点工程等纳入财政支持范围,政府拨出专项资金用于文创产业的领军人才、急需紧缺人才的奖励和项目的资助。安排文创人才队伍建设专项资金,出台规划实施的经费保障配套政策,建立公共财政投入增长保障机制,随着财政收入的增加而逐年加大投入力度;完善文创项目经费管理办法和文创计划管理办法,对高水平文创人才及创新团队给予长期稳定支持。

(四) 环境保障

1. 优化生活居住环境

大力实施人才安居工程,多渠道解决各类人才阶段性居住需求问题。积极实施高端人才住房资助计划,对青年文创人才给予适当倾斜,区县应将青年文创人才的住房问题纳入本市公共租赁住房建设的统一规划。在产业集聚区、文创产业园区、留学人员创业园区、大学园区,集中建设一批人才公寓,以低于市场价格的租金优惠租赁给区域内引进的文创人才。

2. 营造多元文化环境

积极开拓城市公共艺术空间。大力支持网络平台、图书馆、公园绿化、咖啡吧、书店等方面的投入,为“无领者”的创业和成长提供“参与”与“体验”式的生活空间。鼓励建立中国艺术家艺术馆、美术馆、纪念馆群和艺术家村落,从而有利于吸引有国际影响力的艺术大师和波西米亚族群的入驻,形成多个以艺术家为主的艺术性聚落。

积极开展各类文化活动。鼓励支持举办地方性和国际性艺术展览、摇滚音乐节、影展等,加快形成更具人文气息、文化气息的城市风格,允许和鼓励文化人标新立异、别出心裁,营造宽松、包容、大气、开放的环境。

优化社区文化环境氛围营造。积极培育和刺激文化创意产品的市场需求,在节假日积极采用艺术和文化作品来装扮和设计社区、街道等公众场合;实施“创意社区”计划以激发居民的创造力和激情。

2014 年浙江省文化创意产业发展概览

俞香云

一、发展概况

笔者通过登录浙江省统计局与各级政府文化相关部门网站及百度搜索进行查找，找到 2014 年浙江省文化创意产业中以下八个行业发展的数据信息。

(一) 新闻出版业

浙江省新闻出版广电局(省版权局)发布了《2014 年全省新闻出版广播影视业统计报告》，这是首次对全省新闻出版广播影视业进行整体分析。2014 年，浙江省新闻出版业通过优化和调整产业结构，推动产业转型升级，整体呈现稳步发展态势。2014 年，全省新闻出版业营业收入 1439.49 亿元，比上年增长 2.42%，总体经济规模综合评价居全国第三位，比上年上升一位。其中占比最大的是印刷复制业，营业收入 1164.85 亿元，占 80.92%；其次是出版物发行业，营业收入 176.41 亿元，占 12.26%。浙江新闻出版业总体经济规模综合评价(根据营业收入、增加值、总产出、资产总额、所有者权益、利润总额和纳税总额 7 项指标，采用主成分分析方法，通过 SPSS 直接计算所得)居全国第三位，仅次于广东、北京，其中资产总额位居全国第1位。

2014年全省新闻出版业收入情况

分　　类	营业收入（亿元）	比上年增长（%）
总体情况	1439.49	2.42
（1）图书出版	19.56	10.04
（2）报纸出版	53.41	2.04
（3）期刊出版	5.76	11.47
（4）音像电子出版	1.00	1.67
（5）数字出版	0.23	—
（6）网络出版	11.37	—
（7）出版物发行业	176.41	5.98
（8）邮政系统发行	5.14	4.05
（9）出版物进出口	1.77	47.50
（10）印刷复制业	1164.85	0.71

新闻出版业龙头骨干企业的总体经济规模全部跻身全国前5位。浙江出版联合集团列全国图书出版集团第5位，浙江日报报业集团列全国报刊出版集团第三位（"浙报传媒"的流通市值列全国31家出版发行和印刷上市公司第四位及书报刊出版上市公司第3位），浙江新华书店集团有限公司列全国发行集团第四位，浙江印刷集团有限公司列全国印刷集团第五位。浙江教育出版社列地方图书出版单位第二位，仅次于重庆出版社，并跻身全国图书出版单位十强，这是浙江省出版单位首次进入全国出版单位十强行

列。此外，浙江少年儿童出版社、浙江人民美术出版社分列全国少儿类和美术类图书出版单位第五位、第七位。杭州国家数字出版基地利润总额、营业收入、资产总额分别为 21.01 亿元、84.25 亿元、75.23 亿元，分列全国 12 家国家数字出版基地的第四位、第五位、第六位。2014 年，杭报集团经营类资产实现借壳整体上市。

此外，新闻出版作品有亮点。2014 年浙江科学技术出版社出版的《水与生命》累计印数达 1464.93 万册，列全国单品种书籍累计印数第一位，浙江少年儿童出版社出版的《查理九世：所罗门王的魔戒》、《查理九世：沙海迷国》当年累计印数分别达 200.02 万册和 191.24 万册，分列全国新书累计印数第五位、第六位。

（二）广播影视业

2014 年全省广播影视业营业收入继续保持稳步增长，营业收入 403.88 亿元（含电影票房收入），同比增长 30.94%，全国排名第二。2014 年，全省各级广播电台节目套数达 108 套，电视节目套数已达 116 套。全省制作电视剧 62 部 2717 集，制作动画电视 41 部 1750 集，制作电影 38 部。2014 年底，全省院线内影院 325 家，比上年增长 23.57%，其中县级城镇多厅影院 208 家；院线内影院放映厅 1879 个。2014 年全省观影人数达到 6426.07 万人次，比上年增长 31.94%，院线内影院票房收入 23.68 亿元，比上年增长 32.59%。农村电影放映工程送电影下乡 28.5 万场，农村电影数字有线公司 13 家。长城影视成功借壳两家上市公司登陆资本市场。华数传媒通过向杭州云溪定向增发实现增资扩股。我省影视业上市公司数量居全国首位。“中国影视艺术创新峰会”永久落户杭州。

2014 年全省广播影视业营业收入分层级情况

分　类	营业收入（亿元）	同比增长（%）
广播影视业营业收入	403.88	30.94
其中：省级（国有）	97.87	23.54
市级（国有）	51.26	6.77
县级（国有）	50.06	0.81
民营影视机构	181.00	59.19
电影票房	23.68	32.59

2014 年电视节目制作和播出时间

指　标	2014 年（小时：分钟）	较 2013 年增减%
播出时间	755633：00	2.38
制作时间	156267：43	5.15
其中：电视制作时间	4022：21	−12.30
动画制作时间	337：00	−4.42

2014 年全省电影放映情况

指　标	2014 年	较 2013 年增减%
制作电影（部）	38	5.56
院线内影院（家）	325	23.57
其中：县级城镇多厅影院	208	80.87

(续表)

指　　标	2014 年	较 2013 年增减%
放映厅(个)	1879	25.27
观影人次(万人次)	6426.07	31.94
电影票房收入(亿元)	23.68	32.59

2014 年,全国广播影视营业收入 3635.51 亿元(不含电影票房收入),浙江为 380.20 亿元,占全国营业总收入的 10.46%;全国广告收入 1464.49 亿元,浙江为 113.43 亿元,占全国广告总收入的 7.75%;全国节目销售收入 247.08 亿元,浙江为 81.80 亿元,占全国节目销售总收入的 33.11%,主要是因为我省民营影视机构数量居全国第 2 位,节目销售量大、交易活动频繁。

广播影视业出口额位居全国第一,其中电视剧出口量全年为 296 部 7639 集,分别占全国总量的 59.12%和 55.26%,2014 年,全省电视节目出口总额 7893.52 万元,比上年增长 106%,其中全年电视剧出口总额 7584.32 万元,占全国总量的 27.86%。全年动画电视出口总额 299.20 万元。从全年出口量看:全年电视节目出口量 7318 小时 49 分钟、出口电视剧 175 部 7639 集、出口动画电视 1171 小时 54 分钟。

2014 年全省电视剧出口额、出口量情况

指　　标	单位	数额
全年电视节目出口总额	万元	7893.52
其中:全年电视剧出口总额	万元	7584.32
全年动画电视出口总额	万元	299.20

（续表）

指　　标	单位	数额
全年纪录片出口总额	万元	—
全年电视节目出口量	时：分	7318：40
其中：全年出口电视剧	部/集	175/7639
全年出口动画电视	时：分	1171：54
全年出口纪录片	时：分	0：0

影视作品市场表现亮眼。全省各级广播电视节目质量不断提高，浙江卫视的《浙江卫视新闻》、《中国好声音》和浙江民生休闲频道的《1818 黄金眼》等节目已成为具有广泛影响的名牌节目。2014 年生产的电影作品《大圣归来》《捉妖记》在今年的票房市场取得空前成功。由横店影视出品的现象级动画电影《大圣归来》创下全国票房 8 亿元的耀眼成绩，登顶中国动画电影票房冠军，并创下多个国产动画电影新纪录。由蓝色星空出品的电影《捉妖记》截至 2015 年 8 月 6 日票房已超 19 亿人民币，勇夺华语片票房冠军。据杭州首发的《中国动画电影发展报告(2014)》统计，2014 年有 32 部国产动画电影进入城市影院市场，累计票房超过 11 亿元，增幅达 67%，远远超过全国电影票房的增长幅度。如果按区域票房进行排名，浙江省以 2.4 亿元的成绩名列第五，在广东、江苏、北京、上海之后；如果按放映场次进行区域排名，浙江以 38.5 万次排在广东、江苏之后，位列第三；在观影人次区域排名中，浙江以 686 万次，仍列第三。2014 年，多家上市企业积极收购优势动漫资源，通过并购方式进军动漫产业。杭州长城影视通过四川圣达以 10 亿元购买宏梦卡通等 6 家公司 100%股权。

8 月 14 日，由国家新闻出版广电总局发展研究中心主办的

2014 中国动漫品牌授权产业高峰论坛在深圳举行。论坛首次发布中国动漫授权业"十大中国品牌"和"十大海外品牌"。杭州玄机科技信息技术有限公司选送的作品《秦时明月》,位列"十大中国品牌"其中。10 月 21 日,中国文化艺术政府奖第二届动漫奖在北京颁奖,杭州定格文化创意有限公司、杭州玄机科技信息技术有限公司双双获得"最佳动漫创作者或团队奖",而中国美术学院和浙江传媒学院均入围最佳动漫教育机构奖,杭产动画《秦时明月肆万里长城》还入围了最佳动画电视奖

(三) 艺术品拍卖市场

截至 2014 年底,浙江省具有文物拍卖资质的企业 24 家,占全国同类企业家数的 8.6%,居全国第三位。2014 年浙江艺术品拍卖市场交投活跃,全年拍卖企业拍卖 56 场次,拍卖成交件数 40824 件,拍卖成交额 33.1 亿元,成交额为 2011 年以来的峰值,同比 2013 年增长 30%。依托深厚的江南传统文化底蕴、丰富的工艺美术品资源和艺术品收藏民众基础,浙江省艺术品拍卖已经成为继北京、上海之后国内第三大艺术品集散中心。2014 年浙江省艺术品拍卖市场创下了场次成交额、当代玉雕拍卖单品成交额两项新高。西泠印社十周年庆典秋拍总成交额 18.33 亿元,突破历年的新高,单件拍品玉器"极乐世界"成交额达 7360 万元,创省内当代玉雕单件拍品成交额最高记录。同时,浙江省艺术品拍卖还呈现了多样化类别发展的特点,由原来较为单一的书画为主的拍卖,向书画、玉器、杂项,乃至中外名人手迹、盆景等类别兼容发展的趋势。艺术品拍卖行业龙头带动作用明显。成立于 2004 年的西泠印社拍卖有限公司,以著名学术团体西泠印社为依托,紧紧抓住浙江省作为全国艺术品鉴赏评估试点的契机,通过 10 年来的

诚信经营，已经一跃成为国内艺术品拍卖行业的翘楚。同时，它还带动了浙江省文物艺术品拍卖行业的整体发展，2014 年浙江省艺术品拍卖企业单场拍卖成交额超亿元的企业，由此前的 1 家增加到了 3 家。在国内经济增速回调、实体经济持续低迷的形势下，浙江省艺术品经营行业尤其是艺术品拍卖行业异军突起，助推了全省文化产业的发展。

2014 年度拍卖成交额前 10 名企业名单

企 业 名 称	场次	成交额
西泠印社拍卖有限公司	2 场	25.4 亿元
浙江长乐拍卖有限公司	1 场	2.7 亿元
浙江美术传媒拍卖有限公司	2 场	1.8 亿元
浙江三江拍卖有限公司	2 场	1.32 亿元
浙江丽泽拍卖有限公司	3 场	1.05 亿元
浙江六通拍卖有限公司	3 场	9500 万元
浙江南北拍卖有限公司	1 场	5929 万元
浙江盛世拍卖有限公司	3 场	5835 万元
浙江骏成拍卖有限公司	2 场	3400 万元
浙江中钜骏成拍卖有限公司	2 场	2903 万元

(四) 会展业

2014 年，全省举办展览 702 场，展览面积共计 839 万平方米(列全国第三)；举办 50 人以上的专业会议 3.02 万场，万人以上的节庆活动 416 场；出国参展面积达 25.17 万平方米，计国际标准展位 2.8 万个(占全国的 36%，列全国第一)；出省参展面积 47.6 万平方米，计标准展位 5.29 万个；拉动社会就业岗位 126 万人；会展业直接产值385亿元人民币，占全省GDP的0.96%，占全省第三产业的2.0%，拉动效应3465亿元人民币，社会的贡献度较大。2014年我省会展业发展的总体态势是稳中略升，较去年略有提升。

2014年浙江省十大品牌展(博)览会、十大优秀会展企业、十大杰出会展人物、十大金牌商务会议酒店评选结果，省商务厅领导和协会领导分别为这些获奖单位及个人颁奖，以鼓励促进浙江会展业能更好更快地发展。

浙江省十大品牌展(博)览会获奖名单(排名不分先后)：第十七届(2014)西湖艺术博览会、中国国际日用消费品博览会、第十一届中国(宁波)国际文具礼品博览会、中国慈溪家电博览会、第九届中国(温州)机械装备展览会、第十四届中国塑料交易会、中国(台州)汽车用品交易会、中国柯桥国际纺织品博览会、中国紧固件产业博览会(嘉兴)、中国(永康)国际门业博览会。

(五) 演出业

2014年，浙江艺术表演团体机构数891个，演出场次18.3万次，国内演出观众人次为14670万人次，演出收入为11.2186亿元。

历年浙江艺术表演团体主要指标

年份	机构数(个)	演出场次(万场次)	国内演出观众人次(万人次)	演出收入(万元)
2003年	77	1.3	1276	4488
2004年	257	5.1	1588	6163
2005年	273	6.6	3512	11426

（续表）

年份	机构数（个）	演出场次（万场次）	国内演出观众人次（万人次）	演出收入（万元）
2006 年	245	6.2	4223	13157
2007 年	418	12.7	10965	27720
2008 年	449	10.3	8567	36510
2009 年	434	10.4	7572	51914
2010 年	471	11.1	10573	63247
2011 年	498	13.6	5091	88287
2012 年	609	13.6	8624	84219
2013 年	733	14.5	9272	110646
2014 年	891	18.3	14670	112186

注：2007 年起数据含非文化部门单位，之前为文化系统内数据。

（六）旅游业

2014 年浙江省出台了《浙江省人民政府关于加快培育旅游业成为万亿产业的实施意见》（浙政发[2014]42 号）。2014 年，全省旅游经济主要指标基本保持平稳较快增长，但增幅进一步放缓。全年接待游客总量为 4.9 亿人次，同比增长 10.3%，实现旅游总收入 6300.6 亿元，同比增长 13.8%，旅游总收入连续 6 年在全国各省区排名第三。旅游业增加值为 2580.0 亿元，预计占全省生产总值的 6.4%，比上年增加 0.2 个百分点；占全省服务业增加值的 13.6%，与上年基本持平。其中，接待国内旅游者 4.79 亿人次，增长 10.2%，实现国内旅游收入 5947 亿元，增长 14.3%；接待入境旅游者 931 万人次，增长 7.5%，实现旅游外汇收入 57.5 亿美元，增长 6.7%。2014 年通过适度调整营销方式、适度加大营销力度，适度创新营销手段，扭转了入境旅游自2010年以来增幅逐年下降的趋势。

2014年，全省A级景区441家，新增104家。全省纳入统计范围的旅游景区累计接待游客6亿人次，同比增长19.8%，实现营业收入226亿元，同比增长28%，收费景区实现门票收入80.7亿元，同比增长22.4%，占营业收入总额的35.7%，同比下降1.7个百分点。2014年，全省共有旅行社2160家，比上年增加58家。

旅游产业业态更加丰富，旅游度假区快速发展。2014年，全省新增省级旅游度假区8家，达到37家，新增旅游度假区面积204平方公里，总面积达到1017平方公里，旅游度假区数量排名全国第二；新增省级生态旅游示范区2家，省级生态旅游区8家，2家正在申报国家级生态旅游示范区。旅游产业与其他产业跨区域、跨界融合已成为常态，各种旅游业态快速发展。乡村旅游对农业和乡村发展的带动作用更强，工业旅游、运动休闲旅游、中医药旅游、养老养生旅游的兴起，促进传统产业为旅游业态注入新的内涵。2014年，全省乡村旅游约有农家乐经营户1.48万户，同比增长8.3%，可接待床位数为20.44万张，同比增长8.8%，全年共接待游客1.77亿人次，实现营业收入141.2亿元，同比增长26%，其中游客购物收入34.75亿元，同比增长34.8%；新增省级中医药文化养生旅游示范基地3家，总数达到8家；新增省级老年养生旅游示范基地4家，总数达到12家；新增省级工业旅游示范基地17家，总数达到51家；新增省级运动休闲旅游示范基地3家，总数达到9家；新增省级运动休闲旅游精品线路4条，总数达到9条；新增省级运动休闲旅游优秀项目16个，总数达到34个。产业业态的发展、产业功能的提升，提高了旅游经济运行的质量和效率。

旅游项目投资增幅回落。2014年，全省旅游项目总投资额为

8238.8 亿元，较上年增长 6.1%，是自 2010 年对旅游项目投资进行统计以来第一次增幅低于 10%；年度实际投资 1049.7 亿元，较上年增长 11.3%，完成计划投资的 115.8%；项目投资超过 50 亿元的大项目有 31 个，总投资为 2879.6 亿元。项目投资超过 100 亿元的大项目有 11 个，总投资为 1560 亿元。2014 年全省旅游项目实际投资占全省固定资产投资总额的 4.46%，比上年下降 0.24 个百分点，占全省第三产业投资比重为 6.83%，比上年下降 0.47 个百分点；共有在建项目 1126 个，当年新开工项目 215 个，当年竣工项目 126 个，新开工项目数和竣工项目数较之上年分别减少 92 个和 82 个，降幅非常明显。旅游项目投资在经历了 5 年迅猛增长之后，在旅游消费结构深度调整的大背景下，呈现回落趋势，主要指标增幅均大幅放缓，迅猛增长阶段积累的投资风险逐步释放。

（七）电子商务服务业

2014 年浙江大力发展电子商务，交易额突破 2 万亿元，增长 25%。目前，全国约有 85%的网络零售、70%的跨境电子商务及 60%的企业间电商交易都是依托浙江的电商平台完成。2014 年，浙江省各类电子商务服务企业约 3000 家，同比增长 50%，营业收入约 110 亿元，同比增长 37.5%。浙江 IT 产业年均发展速度都在 25%以上，全省信息消费规模已经达到将近 1500 多亿人民币，居全国前列。浙江电子商务服务业发展具有以下特点：

1. 服务商门类比较齐全。电子商务服务业大类主要包括平台服务、IT 技术服务、营销服务、物流服务业、金融服务业和衍生服务。各门类服务，均有一批专业和优质的服务商。根据对浙江省 456 家电子商务服务业企业抽样统计，营销类服务企业数量最多，占 40%左右，其次是 IT 服务类，约占 21%，平台服务、物流服务、衍生服务等类型占比分别为 20%、9%和 9%，同比略有提升。另外，阿里巴巴 2014 年下半年淘拍档优质电子商务服务提供商评选结果也显示，其细分的、以服务电子商务第三方平台上卖家为主的 14 类服务商中，除促销管理类服务商以外，其余 13 个类别的服务商，浙江省均有入选企业，其中金拍档优质电子商务服务商 20 家(全国 65 家)、银拍档优质电子商务服务商 21 家(全国 105 家)。

2. 地区分布不平衡。从区域分布来看，浙江省电商服务商的区域分布情况与电商的区域发展情况一致。杭州、金华两市电子商务发展居于浙江省领先地位，电商服务商也相对集聚，两地的电商服务商企业数量分别居浙江省第一、第二，合计占浙江省一半左右；接下来依次是温州、台州、嘉兴、宁波，其他 5 个地市的电商服务商则相对较少。从不同地区企业类型分布来讲，杭州、金华、宁波、温州、台州、绍兴等地从事工业品营销和平台服务的服务企业较多，其中阿里巴巴淘拍档金牌、银牌电商服务商主要集中在杭州，衢州、丽水、舟山等地从事农产品电子商务服务的企业较多。

2014浙江省电子商务服务企业结构分布

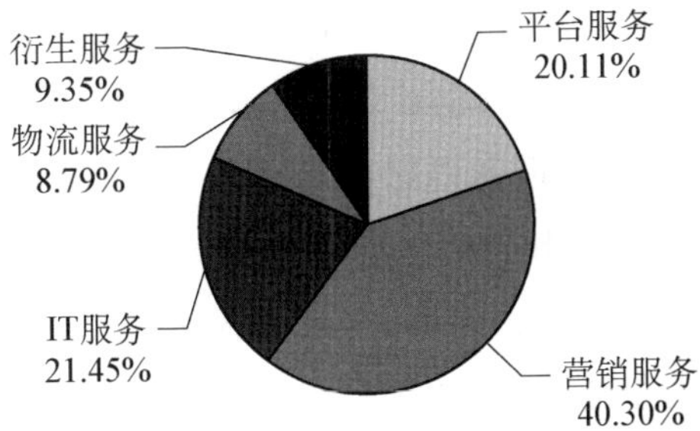

2014年浙江省电子商务服务企业分布

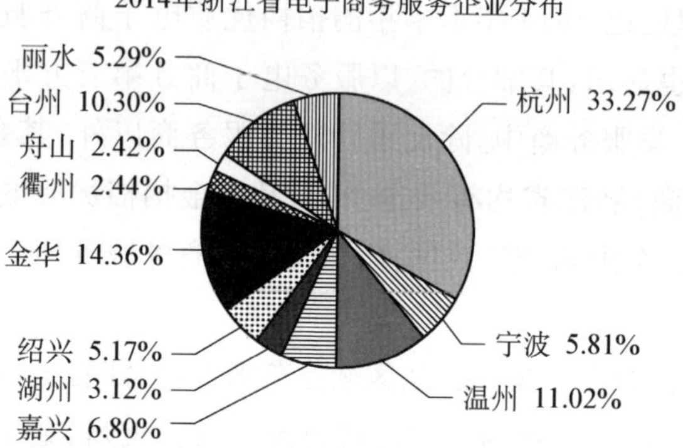

3. 主体结构不断优化。随着电子商务发展的不断深入，浙江的电商服务业发展也呈现出升级优化发展的良好态势：一是从服务内容看，从原来基础型、单一型服务转向定制型、集成型服务发展，一批提供一站式服务企业正在兴起；二是从服务领域看，从事农产品、旅游产品的电子商务服务企业；三是从服务范围看，从服务省内、服务城市、服务固定区域向服务全国、服务农村和跨区域发展，诞生若干综合性、全国性的电子商务企业。

网络零售是电子商务的重要业态，反映一个地区电子商务应用主体的数量和质量，也反映了一个地区居民网络消费能力和水平，是一个地区电子商务整体水平和竞争力的重要指标。2014年，浙江省网络零售额达 5641.57 亿元，总量约占全国五分之一，同比增长 47.64%，实现省内居民网络消费 3192.8 亿元，同比增长 41.2%，杭州、金华和温州位居前三位。2014 年底，我省淘宝店铺约 147 万家，同比增长 5.7%，其中天猫旗舰店约 13226 家，网络零售额超亿元的企业达 200 家。

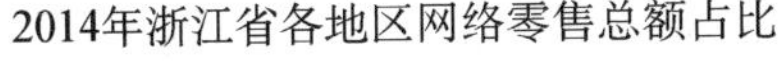

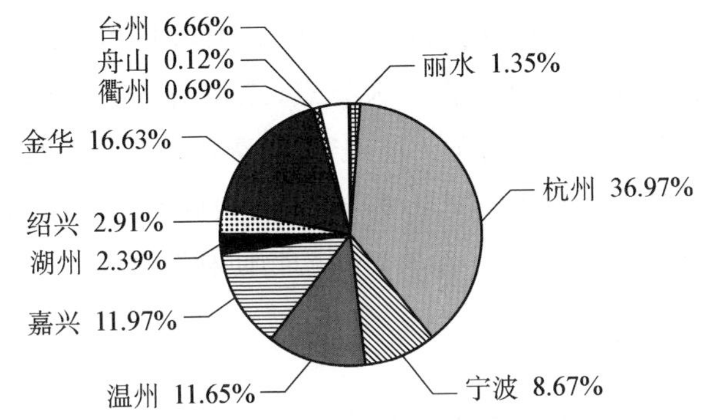

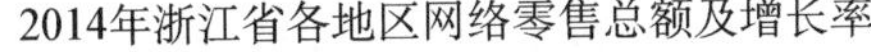

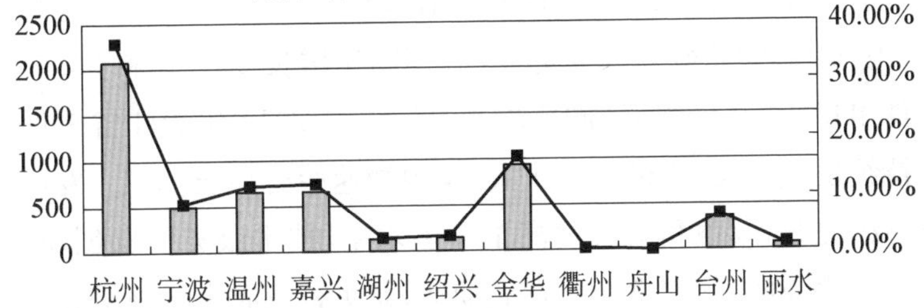

如上述图表所示，从各地区网络零售总额来看，杭州市网络零售总额最大，比例超过了全省零售总额的三分之一，而比重最小的是舟山，仅占全省零售总额的 0.12%。而在增长速度方面，宁波、台州增长速度均超过了 80%，衢州和舟山也分别达到了 78%和 77%。从各地居民网络消费情况来看，区域之间网络消费理念差距较大，杭州最高，占 28.17%，增长率 38.46%，总额达到 899.55 亿元；衢州最低，占 1.76%，但增长速度达到 43.22%，为全省第 4 名，舟山占比 1.84%，为全省倒数第二位，增长速度为最后一名，仅为 24.43%。

2014 年，浙江省网络零售和居民网络消费继续保持较高的增长速度，对发展经济提高居民消费水平起到了很大的促进作用，主要呈现以下特点：一是淘品牌继续扩大的同时，传统品牌网络零售异军突起，成为网络零售一大亮点；二是网络安全环境逐步提升，打击网络售假侵权行为力度提升，消费者个人信息保障不断完善；三是网络零售和居民网络消费的硬件设施不断增加，如智能快递包裹存储装备等提升了消费者的购物便利性。

（八）软件产业

据对全省2109家重点软件企业监测统计显示，2014年全省实现软件业务收入2411.2亿元，同比增长26.5%；实现利税总额877亿元，利润总额673.9亿元，分别同比增长36.1%和36.5%；软件出口19.9亿美元，同比增长35.1%。2014年浙江省软件产业持续快速增长，规模稳步扩大，年内增速始终高于全国。发展质量继续提升，效益和出口均高于全国水平，技术服务引领创新，软件服务化、网络化和融合化发展加速，龙头企业成为引领增长的新引擎。2014年软件产业主要呈现以下特点：

1. 软件规模再创新高，增速居前十省市前列。2014年软件产业持续高速增长，产业规模稳步扩大，增速已连续11个月高于全国。2014年全省实现软件业务收入超2400亿元，达到2411.2亿元，同比增长26.5%，高出全国软件行业平均增幅6.3个百分点。年内浙江省软件产业继续快速增长并高于全国主要省市，增速列山东、湖北之后居第三位。从软件业务类型来看，软件开发收入、信息系统集成服务收入、信息技术服务收入、嵌入式系统软件收入和集成电路设计收入五项业务总量规模继续扩大，五项业务收入分别实现669.7亿元、315.2亿元、862.9亿元、532.6亿元和30.8元，分别增长26.3%、19.3%、32.3%、23.5%和12.3%，五项业务

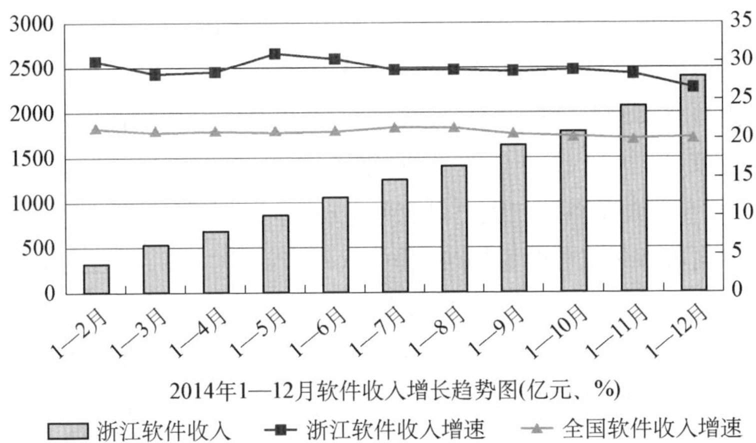

2014年1—12月软件收入增长趋势图(亿元、%)

收入增幅均有不同程度波动。

2. 信息服务强劲增长，行业贡献突出。2014 年，浙江省信息技术服务呈现强劲增长势头，全年实现信息技术服务收入 862.9 亿元，同比增长 32.3%，高出软件行业增速 5.8 个百分点。服务收入占比、贡献率持续提升，软件服务收入占比达到 35.8%，对全省软件业务收入的贡献率达到 41.7%，拉动全行业增长 11 个百分点。随着云计算、物联网、移动互联网、大数据等新技术、新业态、新模式迅速兴起，信息服务和应用创新活跃，电子商务增势迅猛，浙江省软件信息技术服务的强劲增长，将进一步激发了信息消费市场的生机活力，带动全省信息消费规模快速发展。

3. 效益增长明显，发展质量提升。2014 年浙江省软件产业效益快速增长，运行质量继续提升，盈利水平好于全国水平。2014 年全省软件产业实现利税 877 亿元，同比增长 36.1%；其中利润总额 673.9 亿元，同比增长 36.5%，高出全国软件行业 7.4 个百分点，软件产业销售利润率达到 27.9%，高出全国软件行业 15.5 个百分点，盈利能力继续保持全国领先，浙江省软件收入占全国的

6.5%，实现利润却占全国14.6%，行业贡献突出。

4. 软件出口态势良好，增速高于全国水平。2014年浙江省软件出口整体趋好，继续保持较快增长，全年全省完成软件出口接近20亿美元，达到19.9亿美元，同比增长35.1%，高出全国软件出口19.6个百分点。三大出口业务呈现不同发展态势，软件产品和软件出口外包服务明显加快，其中软件产品出口14.2亿美元，占全部出口总量的71.4%，同比增长38.4%；软件外包服务出口45389万美元，同比增长34.7%，服务外包出口增势凸显；软件产品外包、网络与数字增值业务服务外包、电信运营服务外包、金融服务外包均已形成规模化发展并在同行具有比较优势。网新科技、道富信息、华三通信、恒生、虹软、东忠、灵川、NEC软件等一批重点软件业出口规模持续扩大。

5. 龙头企业带动增强，杭州、宁波等市引领增长。龙头骨干企业增势良好，对行业带动贡献明显。2014年浙江省软件10强企业实现软件业务收入1013.9亿元，利润总额512.2亿元，分别增长42.1%和30%，占全省软件行业(2109家)的39.6%和76%。十强企业快速发展成为推动行业增长的新引擎。淘宝商城、淘宝软件、海康威视、大华股份、网易网络、恒生电子、中控科技等一批行业龙头企业带动性突出，综合实力明显提升。杭州、宁波等大力推进软件产业集聚发展，引领全行业增长。2014年杭州实现软件业务收入2038.9亿元，同比增长26.5%，占全省比重达到84.6%，总量规模列深圳、南京之后居全国15个副省级城市第三。宁波实现软件收入301.4亿元，同比增长28.9%，占全省软件收入12.5%。金华、温州等地市积极推动网络经济发展，带动软件产业快速发展，有望形成浙江省软件产业的新增长点。

二、存在的主要问题

(一) 地区性发展不平衡

浙江省文化创意产业主要集中于杭州，2014 年杭州市文化创意产业增加值达 1607.27 亿元，增长 15.9%，占全市 GDP 的比重达 17.5%。2013 年浙江文创产业增加值是 1880.4 亿元，杭州市文化产业增加值 1359.51 亿元，宁波市文化产业增加值是 316.9 亿元，温州文化产业增加值是 170.77 亿元。杭州、宁波、温州的文化产业增加值总量基本就是全省文化产业增加值的总量，其他市县文创产业增加值很少，所以呈现出地区发展不平衡。

(二) 行业性发展不平衡

全省新闻出版业营业收入 1439.49 亿元，比上年增长2.42%；广播影视业营业收入 403.88 亿元，同比增长 30.94%；艺术品拍卖成交额 33.1 亿元，同比上年增长 30%；会展业直接产值 385 亿元；旅游业总收入 6300.6 亿元，同比增长 13.8%；电子商务服务企业约 3000 家，同比增长 50%，营业收入约 110 亿元，同比增长 37.5%。电子商务、影视动漫、旅游发展较快。各行业在增长速度上差别很大，呈现出发展的不平衡。

(三) 创新能力有待提高

文化制造业产品多，内容产品和体验服务产品有待提高，核心竞争力有待提高。2014 年全省出版图书 12687 种，比上年减少 0.15%，其中新出图书 6867 种，比上年减少 7.06%；总印数 3.70 亿册，比上年下降 3.95%；图书出版品种下降，出版业在内容的核心竞争力上还有待提升。

指　标	数量	较 2013 年增减(%)
品种(种)	12687	−0.15
其中：新版图书	6867	−7.06
重印图书	5820	9.46
总印数(亿册)	3.70	−3.95

在图书版权贸易上也存在逆差，2014 年，全省共引进版权 344 种，全部为图书，全省共输出版权 324 种，全部为图书，输出图书比引进图书少 20 种。数字出版等新兴业态有待提高，比如在新闻出版类中，占比大的还是传统的印刷复制业，2014 年，全省新闻出版业营业收入 1439.49 亿元，其中占比最大的是印刷复制业，营业收入 1164.85 亿元，占 80.92%；而新兴业态数字出版营业收入只有 0.23 亿元，而且利润是−0.13 亿元，处于亏损状态。

浙江省电商发达，文创产业的平台渠道发展较快，但内容创新有待提升。2014 年省软件产业继续保持较快增长态势，规模继续扩大，新兴服务领域发展强劲，创新商业模式促发展，但浙江省软件产业创新力度不足仍制约着浙江省软件产业发展。文化企业的原创精神和研发能力有待提升。

(四) 文化消费有待提振

2012 年浙江省文化消费总量逾 1200 亿元，按发展中国家文化消费占消费总额比重为 18%的平均值计算，浙江文化消费总额可超 1700 亿元，而浙江实际占比只有 10.7%，所以浙江的文化消费总量仍处于偏低水平。据统计 2013 年浙江省人均 GDP 达 68593.06元，2013 年浙江城镇居民人均文化娱乐服务支出约为 1095 元，教育支出约为 1297 元，两项支出加起来只约占人均 GDP 的3.49%。2013 年杭州市人均 GDP 已超过 15000 美元，而城镇居民文化教育娱乐消费支出占比为 12.1%。许多欧美发达国家和地区，其居民文化消费占比在 30%左右。2013 年浙江省 GDP 总量在全国排名第四位，排在广东、江苏、山东之后，人均 GDP 排名在天津、北京、上海、江苏之后，第五位。2013 年中国文化消费指数发布，综合指数排名前十的省市分别为上海、北京、天津、广东、江苏、山东、山西、浙江、四川、重庆。浙江省居民文化消费水平排名在第八位。中国省市文化产业发展指数(2014)显示在综合指数领域，北京、江苏、浙江排在前三位。浙江省居民文化消费水平排名与其文化产业发展指数排名偏差很多，所以要提振居民文化消费能力。2014 年浙江省 GDP 仍然在第四位，人均 GDP 过万美元。浙江文化消费总量偏低，文化消费相对滞后，相对较低的文化消费制约了浙江文化市场的发育，文化娱乐消费缺乏刚性，潜在的精神文化需求亟待唤醒从而转化为现实的文化生产力。

备注：文中所有数据来源于浙江省统计局与政府文化相关部门网站及新闻媒体所公布信息。

2014 年浙江省影视产业生态研究报告

何明燕

影视产业是当代最具影响力和传播力的大众文化产业，也是浙江省文化创意产业的核心产业之一，它对丰富人民的精神文化生活、提升浙江省的文化软实力有突出作用，同时对旅游、会展等相关文化创意产业的发展具有明显的带动作用，因而，如何改善影视产业的生态环境，提升影视产品的质量及其相关的文化效应，是一个值得研究的课题。

一、浙江省影视产业生态现状

2014 年浙江省影视产业稳步发展，作品较为繁盛，这与近年来全省努力营造的产业生态是密不可分的。总体而言，全省影视产业的生态环境主要呈现出以下四个特点：

1. 政策环境良好

为推进浙江省影视产业的全面发展，省政府陆续推出了一系列的扶持政策，这些政策包括：一、鼓励建设交流与服务平台。譬如中国（横店）影视节，中国影视艺术创新峰会等交流平台的创办，以及西溪创意产业园影视创意策划中心等服务平台的建设，有效地汇聚融合了各种资源，拓展了影视工作者的创作视野。二、优化人才引进与培养模式。高端人才的引进，青年人才的培训研修，以及立足高校打造“产学研”一体化的培养模式，有效地组建了影视产业人才的梯队式结构。三、完善管理与创新机制。完善影视剧审查制度，加大优秀作品的奖励力度，以及发挥理论批评的引导作用等，有效地完善了影视剧的评价体系，并为影视剧的健康审美建立了良好的市场生态。四、提供扶持和资金保障。政府为影视剧专门出台了奖励与扶持文件，并每年为影视剧拨专项扶持奖励资金等。这些政策为影视从业者整合资源优势，提升创作水准提供了一个良好的空间。

2. 制作实力提升

截至 2014 年底，浙江省影视制作实力已经位居全国前列，省内持有影视制作经营许可证的广播影视节目制作经营机构已超过千家，涌现出浙江华策影视股份有限公司、浙江长城影视有限公司、浙江绿城文化传媒有限公司、杭州嘉艺影视传媒有限公司等一批实力较强的民营影视制作机构，民营影视市场已经发展得较为稳健和成熟。同时，由于政府的投入和引导，这些企业呈现出集聚的态势，涌现出西溪创意产业园区，中国(浙江)影视产业国际合作实验区、英皇影视文化村，永康影视基地，横店影视城等一批境内外瞩目的影视产业集聚区。这些集聚区借鉴国内外先进的运行经验，加强影视文化创作平台、影视企业孵化成长平台等一系列平台的功能建设，不仅优化了浙江本土影视企业及其相关部门的发展环境，而且吸引了国内外知名影视企业的入驻，为浙江影视创作提供了良好的发展空间，有效地提升了制作实力。

3. 精品意识树立

2014 年是浙江省影视产业非常繁荣的一年，据浙江省新闻出版广电局发布的《2014 年全省新闻出版广播影视业统计报告》显示，2014 年浙江省共制作电影 38 部，电视剧 62 部 2717 集，营业总收入达403.88亿元，同比增长30.94%，全国排名第二。在产量领先的大环境下，浙江省力争创作影视精品的意识开始深入人心，并创作生产了一批在艺术性和观赏性均具有较高价值的优秀作品。这些作品的获奖数量、在央视及上星频道的播出比例以及市场回报率等综合效益都居全国前列。譬如永乐影视的《战神》、华策影视的《卫子夫》等电视剧在2014年度各大卫视黄金档首播的收视率排行中名列前茅，《焦裕禄》、《国家命运》和《推拿》3部电视剧入选全国第十三届精神文明建设“五个一工程”。此外，精品也带来了巨大的国际效应，2014年浙江省的广播影视业出口额位居全国第一，全省出口电视剧175部7639集，电视节目出口总额7893.52万元，比上年增长106%。

4. 文创氛围浓郁

近年，浙江的文化建设项目逐渐为创意产业凝聚了浓郁的文化氛围。譬如为繁荣全省影视文化建设，浙江省举办了一系列旨在加强影视文化交流，营造产业发展良好氛围的节展活动，包括杭州市青年数字电影大赛，浙江大学、中国美术学院举办的亚洲青年电影节展等，丰富了浙江的影视文化气息。同时，优美的江南自然风光，以及深厚的历史人文积淀使得杭州，乃至整个浙江成为一个绝佳的影视拍摄基地。这些影片的拍摄不仅丰富浙江的文化内涵，也很好地带动了全省旅游等相关产业的发展。此外，浙江省也在逐步加强全省的影视基础设施建设，《2014年全省新闻出版广播影视业统计报告》显示，在电视方面，2014年全省共有电视台78座，电视节目117套，全年公共电视节目播出时间为755633小时。而在电影方面，全省院线内影院325家，观影人数达到6426.07万人次，院线内影院票房收入23.68亿元，比上年均有大幅增长。由此可见，随着浙江省影视播放基础设施的不断优化，群众在家看电视和进剧院看电影的人数正在不断壮大。

二、制约浙江影视产业发展的生态瓶颈

截至2014年底，浙江影视产业的生态呈现出良好的发展态势，为浙产影视剧，乃至全省的文化创意产业创造了较高的综合效益。但是，这些成就与建设浙江省影视文化产业的发展目标，以及相关文化创意产业的总目标还存在较大差距，制约其发展的生态瓶颈主要表现在：

1. 效益目标违背影视创作规律

影视文化作为产业，必然要追求经济效益，但同时影视作为艺术的一大门类，其创作亦有自己需遵循的文化创作规律，绝不可量化、规模化、急于求成，以浮躁地心态将目光聚集在作品的短期效益上，忽视了作品的艺术价值以及长期的社会效益。效益目标必须和谐统一发展，一旦错位，影视剧生产必然会屈服于市场，阻碍影视剧精品的产生。譬如2014年浙江省共制作电影38部，电视剧62部，数量可观，但真正为大家所熟识的影视剧却寥寥可数。有些影视剧以娱乐化包装吸引眼球，虽赚取了短期收益，但却毫无思想深度，终为大众所鄙夷；而有些电影作品则毫无市场，甚至出现影院一日游的现象，不仅毫无文化价值，更谈不上收回投入的成本，是艺术追求与经济效益的双重败笔，成为浙产影视剧创作繁荣的大旋律中的不和谐之音。

2. 全产业链融合效应尚未形成

浙江省已经具有一批国内外知名的产业集聚区，但能真正起到产业集聚效应的全产业链模式则尚未形成。目前浙江省的影视产业基地已经具备一定的规模性和影响力，但很多影视基地，只是

单纯的为影视剧提供拍摄场所，说到底只是一个占地较大的“公园”而已，在产业链条拓展、资源吸纳整合、引领行业发展等方面存在缺陷。而国内外先进的影视基地，譬如北京的怀柔影视基地已经可以全方位地承接影视剧，从拍摄到后期制作的各个环节建设成为产业链条完整、产业要素集聚、品牌活动集合、综合服务齐全的国际化影视城，既为制片商节省了成本，又可以达到很好的电影制作效果。此外，产业链条之外的融合辐射效应也是非常重要的一环，而浙江省由于缺乏专业的信息交流发布平台，影视产业发展的各个环节在信息沟通上不够顺畅，造成极大的资源浪费。

3. 本土影视人才培养尚不充足

近年，浙江省着眼于繁荣影视精品创作生产的目标，在影视知名人才的引进方面取得了很大成效，但是在本省影视人才的培养方面则存在着明显的不足。浙江大学、中国美术学院和浙江传媒学院等高等院校，在影视专业设置和人才培养模式上脱离了市场需求，造成浙江省影视专业及相关产业本土人才匮乏，一定程度上制约了浙江影视产业的持续发展。另外，青年人才的后续成长也不容忽视。浙江省影视艺术青年人才培养的“新光计划”是一个遵循影视艺术人才队伍的成长规律，努力培养造就一批引领行业、富有潜力的影视艺术青年创作高端人才的计划，但在一般人才的研修培训上缺乏梯队式综合考虑，这样的人才培养机制显然不能满足我省影视产业长远发展需要。

三、优化影视产业生态的建议

2014 年，浙江省影视产业取得较大的发展，但依然存在着效益目标与创作规律错位，全产业链制作模式尚未形成，以及本土人才缺乏等问题，要进一步优化浙江省影视制作的环境，可以在以下几方面多做努力：

1. 建立长期发展的规划环境

浙江省对于影视产业的发展政策一直较为重视，为浙产影视剧建立了较为良好的发展环境。但政府也应该注意到影视创作有其自身的文化艺术规律，政策目标制定时不能急于求成，过于追求短期的经济效益，破坏影视创作的和谐生态。因而，为了全省影视产业的持续发展，政府应该遵循影视创作规律，加强对全省影视产业统一规划和综合协调，着眼于影视制作产业的各个环节，改变量化、效益第一等狭隘的目标限制，以一种前瞻开阔的视野，兼容并蓄的胸怀，十年磨一剑的心态，制定浙江省影视产业中长期发展规划，大力推动全省影视产业科学有序的发展，逐渐加强浙产影视精品的创作氛围。

2. 开拓产业基地的发展空间

浙江省已建立了多个影视发展基地，接下来应该以目前已有的影视基地为核心，鼓励并支持有关企业在建设高水平的专业影视拍摄基地之外，进而积极构建一系列的交流、服务平台，将影视生产的投资经营、拍摄制作、发行放映等各个环节进行有效融合，提升并完善全省影视产业的链条，形成以影视拍摄制作为龙头，影视实景基地、剧本策划、投融资等产业链紧密配套、互动发展的影视文化产业集群。同时，还应该立足这些资源优势，吸引国内外影视制作企业来浙江的影视基地拍摄制作影视作品，扩大浙江影视基地的国内国际知名度，促进产业基地迈入良性循环发展的轨道。

3. 挖掘产业基地的资源潜能

影视产业基地的集聚效应，除了为影视产业链条自身服务之外，还应该深入挖掘产业基地的资源潜能。浙江得天独厚的自然风光、人文历史积淀，不仅为全省打造了许多全国乃至国际知名的影视外景地，同时也有效地推动了影视业与旅游业共同发展，因而充分利用产业基地的自然、历史优势，影视文化内涵，有效地实施立足影视，发展观光旅游、人文体验等相关文化创意产业的战略，全方位构建影视剧本创作基地、独具特色的影视拍摄基地、开放多元的影视作品及衍生产品交易基地、人气旺盛的影视文化旅游基地等多种功能并存的基地综合体系，推动全省文化创意产业的综合发展。

4. 创新引进人才的项目理念

在影视产业人才的引进方面，浙江省应不断完善人才引进的项目，通过项目合作、合同聘用、签约入驻等多种方式，全方位地邀请国内外知名的编剧、导演、摄影等影视创作人员，为浙江影视创作服务。同时，还应有规划地将单个人才引进与优秀团队集体引进结合起来，以人才带领团队，团队吸纳人才的方式推动国内外影视人才向浙江的汇流。此外，还应充分利用这些引进的高端人才及团队，通过交流合作、开设影视创作的培训讲座或文化沙龙等方式，积极培育本土影视创作人员，逐渐构筑浙江影视产业人才的高地。

5. 培育本土人才的成长土壤

在全方位引进国内外影视产业高端人才之外，浙江省应该积极培养本土的影视新人，促使一批优秀的影视创作青年人才服务于浙江影视产业。主要可以从以下四个方面入手：一、鼓励并支持省内高等院校开设影视产业各个专业的课程，综合培养产业专门人才，并通过“产学研”的方式有效地推进应用型人才的成长。二、鼓励有实力的影视制作企业创办影视人才培训机构，吸纳社会人才同时，还可以提高青年人才的专业技能。三、邀请影视名人的来浙江开设影视讲座或课程，提高我省影视工作者的专业素养。四、出资组织青年人才参加国际知名影视节，激励影视工作者的创作热情，为全省影视产业发展奠定人才基础。

6. 完善交流沟通的协会平台

影视协会等交流沟通平台，不仅有利于本土人才的凝聚成长，也有助于浙江影视文化氛围的形成。譬如 1993 年成立的杭州影视家协会目前已有会员两百多人，已经成为浙江省影视人才培养和交流的重要载体，近年来涌现出一批新人佳作，上百部作品获得省级以上的奖励，有 20 部作品获得国际和国家级奖项。因而，应该有效地利用各方资源，完善或者组建规模更大、凝聚力更强、专业素养更高的浙江影视产业人才协会，通过评价引导观众审美、促进创作精品的方式，使之成为促进省内影视产业人才交流与沟通的重要平台。

7. 营造节展活动的创意氛围

影视节展活动是推广和宣传影视产业实力的重要平台，浙江近年来虽然举办了亚洲青年电影节展等活动，但都规模偏小，内容较为单一。为进一步培育浙江的创意氛围，促进浙江影视业的持续发展，应联动有关机构、院校、行业、企业及媒体共同打造一个具有全球影响力的影视节展活动。影视节展活动应借力于产业基地的优势和国际影响，加大影视国际化合作力度。同时，通过名人效应提升浙江在影视圈内的知名度和影响力，并特别关注青年导演的发现与培养，积极关注市场需求，力争成为集版权交易、项目洽谈、专业技术人才交流、海外推广合作于一体的综合性影视节展活动。

8. 扩大网络纸媒的辐射效应

影视行业中的互联网力量正在日益强大，这不仅体现在播出渠道的互联网融入，还体现在影视剧的题材、编剧及其整个制作流程中。同时，纸质媒体还有其不容忽视的读者群体。因而，有关部门还积极扩大浙江影视产业在网络纸媒的辐射效应，有意识地建立浙江影视媒体宣传大联盟。主要可以从以下三方面进行尝试：一、联合纸质媒体，刊发影视产业最新动态、剖析影视现象；二、创立浙江影视传播门户网站，宣传浙江影视产业动向，推广优秀影视作品等；三、加大浙产影视作品发行与主流视频网站的合作力度等。

浙江省文化遗产产业化研究报告*

程振翼

文化遗产资源是体现国家和区域软实力强弱的一项重要指标，充分而科学合理地开放利用文化遗产资源则是提升国家、区域综合竞争力的重要途径之一。对于浙江省而言，无论是物质文化遗产资源还是非物质文化遗产资源的储备都十分丰富，进入国家级名录的文化遗产项目数量在全国而言处于上游水平；并且浙江省与文化遗产产业相关的旅游产业和文化创意产业实力雄厚，在全省经济总产量中占有较高比重，具有发展文化遗产产业的巨大优势。如何依托本土文化遗产资源，将遗产资源转化为文化资本，发挥优势，协同全省文化产业经济整体发展，同时更好地实现政治、社会、文化综合效益，已经成为一项重要的研究课题。

一、浙江省文化遗产资源整体状况概说

浙江拥有着非常悠久的历史文化传统，上山遗址、河姆渡遗址、良渚遗址等考古发现一再昭示出浙江作为中国古代文明重要发源地的显赫地位。古往今来，人们在浙江这片地理面积不算辽

* 本文为杭州师范大学科研启动经费项目“浙江省文化遗产产业化路径研究”（项目号：ZX13018002003013）阶段性成果。

阔、自然资源不甚丰富的土地上绘出了一幅又一幅流光溢彩的历史画卷，古人为浙江创造了光辉灿烂的文明，积淀下珍贵而厚重文化遗产资源。在今天，从“钱塘自古繁华”的大都市到“茂林修竹不胜幽”的乡村、从钟灵毓秀的陆地到广袤浩瀚的海洋，宝贵的历史文化印记遍布于整个省域。无论从哪一个角度来说，浙江省都是历史文化资源大省，不仅种类繁多、数量丰富、特色鲜明，而且社会知名度相当高，这为浙江文化遗产产业经济发展提供了得天独厚的基础条件。

首先在物质文化遗产方面，随着在 2014 年大运河“申遗”成功，目前浙江省已有 2 项世界文化遗产(另一项为杭州西湖文化景观)，此外“良渚遗址”的“申遗”工作正在紧锣密鼓的进行之中，在不久之后浙江有望有第三项文化遗产入选《世界遗产名录》(参与“中国丹霞”申报世界遗产的浙江江郎山属自然遗产)。截止到 2015 年，浙江省共有全国重点文物保护单位 231 处，数量排名全国第 4；这些全国重点文物保护单位包括 42 处古遗址、15 处古墓葬、122 处古建筑、15 处古窟寺及石刻、36 处近现代重要史迹及代表性建筑物 1 处其他项目[①]。浙江共有 8 座城市入选“国家历史文化名城”名单，在数量上与广东省、河南省、四川省同列全国第三位；先后有 20 个镇、28 个村入选住建部和国家文物局联合发布的“中国历史文化名镇名村名单”，名镇、名村共计 48 个，其数量居全国第一；在 2015 年评选的“第一批中国历史文化街区”的名单中，浙江省共有 4 个街区入选，在数量上与福建省并列第二位[②]。此外浙江还认定了 624 处省级文化保护单位，其中包括古遗址 82 处、

① 数据来源：浙江省文物局网站。
② 数据来源：国家文物局网站。

古墓葬28处、古建筑322处、古窟寺及石刻31处、近现代重要史迹及代表性建筑物143处、其他文物保护单位18处[①]。

以上均为不可移动的物质文化遗产数据，在可移动物质文化遗产方面，浙江省表现出的实力要稍显逊色。根据第一次全国可移动文物普查的最新数据，截止到2015年11月，全省累计申报文物藏品805754件/套、其中珍贵文物总数为91430件/套，这一成绩分别暂列全国第九、第十二名。另外，根据浙江省古籍保护中心的统计估算，全省目前古籍藏量大约在2564785册左右[②]。

受制于历史、气候等原因，浙江物质文化遗产资源储备在全国而言不算最为拔尖的，但是，在非物质文化遗产方面，浙江的优势则十分明显。浙江省的非物质文化遗产是极其丰富，而且价值含量很高，从历年来国务院发布的《国家级非物质文化遗产代表性项目名录》中即可看出端倪。2006年，国务院发布《第一批国家级非物质文化遗产名录》，这一次共有518项"非遗"项目入选，其中浙江省占了其中的39项(子项目44项)，数量位居全国第一；在2008年出台的《第二批国家级非物质文化遗产名录》(共510项)和《第一批国家级非物质文化遗产扩展项目名录》(共147项)中，浙江省共有72个项目(按编号项目计)入选，占据总数的11%；2011年国务院公布《第三批国家级非物质文化遗产扩展项目名录》及《国家级非物质文化遗产扩展项目名录》(两者共计365项)，浙江省有49项入围(按编号项目计)，独占鳌头；2014年底《第四批国家级非物质文化遗产代表性项目名录》(含扩展项目153项，共计306项)，

① 数据来源：浙江省文物局网站。

② 曾昭明.全省可移动文物普查登录进度通报(2015年10月)[EB/OL].http://www.zjww.gov.cn/culture/2015-11-16/1081701852.shtml，2015-11-16.

浙江省又有30个项目榜上有名，豪夺国家级非物质文化遗产项目申报评选的四连冠。截止到现在，浙江省共有217个非物质文化遗产项目入选国家级“非遗”名录，位列全国第一①。不仅如此，浙江省还积极申报联合国教科文组织评选的《人类非物质文化遗产代表作名录》。该名录自2008年问世以来，到目前浙江入选的项目已经达到9项(其中包括“昆曲、古琴艺术、龙泉青窑、中国剪纸技艺、海宁皮影戏、中国木拱桥营造技艺、中国蚕桑丝织技艺、中国木活字印刷术、中国篆刻”)，这一成绩同样傲居全国各省市之首②。

这种现象也许会令人感到困惑，因为浙江自古以来几乎都不是全国文化中心区域(除去南宋时期)，土地面积小、人口总量也不多，“文化遗产存量，不及山西、陕西、河南、山东等省份；论民族文化多样性，远不及新疆、云南、贵州、四川、广西等民族大省。”③这些成绩固然与浙江地区政府部门近年来的积极努力有密不可分的关系，各级文化部门已经建构起了较为完善的“非遗”研究和保护体系：“建立了8个高校省级非遗研究基地、36个省级非遗传承基地、55个省级非遗生产性保护基地、131个省级非遗传承教学中心……433座非遗馆”④。但是仔细查看浙江省国家级非物质文化遗产的分布状况也能发现一些问题。在浙江省所有的国家级“非遗”项目中，占据比重最高的几种遗产类型分别为：传统技艺(34项)、民俗(26项)、传统美术(24项)、曲艺(23项)、传统戏剧(20

① 以上数据来源于中国政府网。

② 施佳秀.浙江展出217项国家级非遗图片[EB/OL]http://news.163.com/15/0520/21/AQ3CS9GD00014JB6.html，2015-05-20.

③ 骆蔓.第二批国家级“非遗”名录公布浙江又居第一[EB/OL]http://www.zjcnt.com/Article/2008-06-16/116140.shtml，2008-06-16.

④ 刘慧.浙江非遗名录四连冠[N].浙江日报，2014-12-05(2).

项)。浙江自古以来,手工业和商品经济发达,富户望族数量多,文化生产和消费能力强大,盛产积极参与文化商品生产的文人、职业或非职业的艺人。这些技艺、美术、传统戏剧、曲艺,很多本来就是迎合不同时代和地域的大众或精英文化消费需求而产生并发展的,不同于长期存活和依附于田间地头、宗教祭祀、民族信仰等社会文化空间中的文化遗产样式,它们具有较强的被商品化的传统,这对于我们今天将这些遗产进行生产性保护和产业化开发利用而言无疑是一大优势。

特别值得一提的还有浙江丰富且极具开放潜能的历史名人资源,根据丁文江在上世纪 20 年代的统计,仅汉、唐、宋、明四朝,由浙江贡献的对于社会政治产生较大影响力的“历史人物”就有 528 人,仅仅落后于长期作为政治文化中心的河南、直隶两省,位居全国第三①;根据沈登苗的统计,在明清两朝,浙江共产生过 6505 名进士、190 名全国“一流的专家和学者”,数量分别位列全国第一和第二②。从帝王将相到墨客骚人,从革命伟人到商界精英,古往今来浙江诞生过太多极具影响力的历史文化名人,可谓星光灿烂,他(她)们在历史上曾对国家和民族产生过重大影响,是优秀的社会、政治、文化资源,同时在当下也能转化成为一种稀缺、宝贵的文化产业资本。

二、浙江省文化遗产产业化进程现状

浙江省拥有很好的文化资源基础,打造文化强省、大力发展文化产业向来是浙江省建设的重大战略之一。就文化遗产而言,浙

---

① 丁文江.丁文江学术文化随笔[C].北京:中国青年出版社,2000,108 页.

② 沈登苗.明清全国进士与人才的时空分布及其相互关系[J].中国文化研究,1999(26).

江省已经建构起了较为完备的保护体系，在文化遗产保护与文化遗产的产业化开发相结合的试验上，浙江走在全国各省市的前列，形成了一些较为成功的、可为其他省市提供借鉴的典范样本，并收到了良好的经济效益。

（一）以传统资源为支撑的“历史经典产业”发展态势良好

浙江素来被冠以“鱼米之乡、丝绸之府、文物之邦”的盛名，在古代就已经形成了一大批具有深厚历史文化底蕴的产业，那些形成已久、以传统技艺为基础、并具有较好品牌效应和浓厚本土特色的“历史经典产业”至今仍在浙江省的整体产业经济中占有一席之地。制茶、丝绸、黄酒制造、中药、瓷器和宝剑、木雕及根雕、文房用品等产业则为其中的典型代表。最近十余年来，浙江的制茶业发展迅速，“2014 年全省茶园面积 293 万亩，茶叶总产量 16.3 万吨、产值达到 130.5 亿元。其中全省名优茶产量 7.67 万吨，产值 119 亿元，比 2000 年名优茶产量 2.85 万吨、产值 17.95 亿元分别增长了 2.69 倍和 6.63 倍。2014 年茶树无性系良种率达到了 71%，比全国平均高了 12 个百分点。”①据不完全统计，2014 年浙江省丝绸行业工业总产值为 241.85 亿元，销售收入达 288.16 亿元。② 在 2011 年前后经过波动之后，浙江黄酒行业近年来收入呈现出逐年上升的态势，2013 年全省黄酒销售收入达到 55.89 亿元，同比增长 16.2%③。

---

① 浙江省发改委外资处. 重点产业和历史经典产业新闻发布材料[EB/OL]. http://www.zjdpc.gov.cn/art/2015/10/23/art_1679_1546659.html，2015-10-23.

② 余江. 2014 年浙江省丝绸行业经济运行情况[EB/OL]. http://bg.qianzhan.com/report/detail/361/150319-689651b6.html，2015-3-28.

③ 中国产业洞察网. 浙江省黄酒行业市场调查分析[EB/OL]. http://www.51report.com/free/3044738.html，2014-07-08.

全省中药产业发展情况良好，产业规模逐步扩大，产业产值稳步提升，行业骨干企业影响力进一步提升，2014 年全省中药相关产业产值达 351.06 亿元，到 2020 年这一数字有望达到 1000 亿元。以东阳木雕、青田石雕、开化根雕和湖州湖笔为代表的“三雕一文房”产业发展前景良好，有望到 2020 年实现产业倍增，将产业产值等指标提高到现在的两倍。青瓷和宝剑产业在最近 5 年来实现了飞速发展，2014 年相关产业产值达到 31.89 亿元，自 2009 年到 2014 年，年均增长率达到 39.2%。

（二）博物馆和文物保护单位规模逐渐扩大，运营收入逐步提升

截止到 2014 年，浙江省共计有博物馆、美术馆、纪念馆、艺术馆、陈列馆等机构 285 家，其中有 122 家为非国家所有①。根据浙江省文化厅的统计数据，2014 年浙江省博物馆数量达到 105 个，比 2013 年增加两个；博物馆藏品数量增加到 780671 件/套，其中包括一级品 2242 件/套；博物馆固定资产价值总额从 2013 年的 13.25 亿元增加到 2014 年的 16.41 亿元；来馆参观人数增加到 3657 万人次，年收入达 8.17 亿元。2014 年全省文物保护管理单位数量为 91 个，比 2013 年减少三家；文物保护管理单位藏品数量提高到 75159 件，比 2013 年增加了 24.3%，其中一级藏品数量为 231 件/套；文物保护管理单位固定资产总价值从 2013 年的 7.64 亿元增加到 9.79 亿元；参观人数为 1271 万人次，年收入增加到 7.46亿元。

① 数据来源：浙江省文物局网站。

(三)与旅游业的跨界融合进一步深化

旅游业是传统文化资源现代转型和文化遗产产业化的一条主要路径,浙江省在发展文化旅游产业上,不但做出了傲人的成绩,而且有着更为远大的雄心和追求。2014 年浙江省的旅游产业收入继续居全国第三,“全省全年旅游总收入达 6300 亿元,同比增长 13.8%;接待入境旅游者 931 万人次,实现旅游外汇收入 57.5 亿美元,其中,住宿设施接待入境过夜游客 370 万人次;接待国内旅游者 4.79 亿人次,实现国内旅游收入 5947 亿元,同比分别增长 7.5%、6.7%、4.6%、10.2%和 14.3%。截止到 2014 年底,超过 50 亿的大项目有 31 个,总投资 2879.6 亿元;超过百亿的有 11 个,总投资 1560 元。”①可以说浙江建成旅游经济强省的战略目标已经基本完成。在深入实施“八八战略”、建设“两美”浙江战略的指引下,浙江进一步出台了《浙江省旅游产业发展规划(2014—2017)》,计划到 2017 年使全省的旅游产业年收入超过万亿元,从而使旅游产业所创造的增加值占据 GDP 的比重达到 6.7%,打响“诗画浙江”的品牌,达到“全国一流、世界知名”的更高水准②。

上文所提到的文化遗产资源管理和经营机构所创造的经济收益只能代表较少一部分的文化遗产产业化经济效益。在整个浙江省可观的旅游产业收益当中,文化遗产资源做出了不小的贡献。据统计,浙江省目前共有 369 处 A 级旅游景区,其中历史文化类

---

① 张佳琪. 2015 浙江旅游打响“诗画浙江”助推万亿产业——2015 浙江省旅游工作会议召开[EB/OL]. http://gotrip. zjol. com. cn/system/2015/02/02/020494753. shtml, 2015-02-02.

② 浙江省发改委. 浙江省发改委、浙江省旅游局关于印发浙江省旅游产业发展规划(2014—2017)的通知[EB/OL]. http://www.zjdpc.gov.cn/art/2015/1/13/art_809_703786.html, 2015-01-13.

有 57 处、文博院馆类 24 处、工业旅游类 13 处、红色旅游类 9 处，也就是说以文化遗产资源为主要依托提供旅游产品和服务的 A 级景区占了总数的 28%。[①] 而像西湖、西溪湿地这样的自然景观、杭州宋城之类的主题游乐园等其他类型景区中也大量运用了物质或非物质的遗产资源。

以旅游业为依托，将传统文化遗产与现代艺术表现形式相结合的演艺行业已经成为浙江省旅游产业中的一大亮点。以杭州为例，目前"宋城千古情"、"吴越千古情"、"印象西湖"、"西湖之夜"、"武林雅韵"等文艺表演项目已经形成较好的品牌效应，同时"良渚印象"、"新安江之夜"等文艺节目也正在创建和推广之中。这种跨界融合、对于遗产资源的整合利用，不但提升了旅游产品和服务的文化内涵，而且有利于传统遗产资源的现代化、大众化转型。可以说，目前杭州的旅游产业发展已经与文化遗产的保护开发之间形成较强的融合态势，文化遗产旅游、特别是非物质文化遗产旅游已经成为浙江旅游产业发展中重要着力点。

(四) 城乡文化遗产资源开发齐头并进

浙江省拥有 8 座国家级历史文化名城、48 个国家级历史文化名镇名村，城乡文化遗产资源同样丰富。近年来杭州、宁波、嘉兴、台州等城市先后出台了各自的"历史文化名城保护规划"，数量丰富、历史悠久的文化遗产资源与城市的整体布局和发展被紧密结合起来，对文化遗产的保护与产业化已经成为城市发展的一大重要战略。以宁波市为例，政府划定了历史城区、历史文化街区、街道历史地段等区域的空间范围，规划出具体的文化廊道、文化核心

---

① 浙江省旅游局. 浙江旅游业发展报告 2014[M]. 北京：中国旅游出版社，2015，45 页.

和节点等文化空间的主要功能，还围绕着“文明渊薮，古越风尚”、“四明山水，诗意栖居”、“书藏古今，港通天下”、“商帮故里，院士之乡”四个主题对本市文化遗产资源的展示和利用提出指导性思路①。这份规划不但是对于宁波市区的历史文化空间和文化遗产资源进行规划，而且也将城区之外的乡镇和农村覆盖进来，为整个宁波市今后对于遗产资源的保护和开发打下了基调。

在旅游经济的带动和新型城市化理念的指引下，最近浙江省各地方对于城镇历史文化街区进行了较为成功的维护和改造。杭州的南宋御街、西塘古镇、金华古子城等古老街区从此容光焕发，利用自身的历史文化魅力，融合文化遗产展示、休闲娱乐、旅游消费等功能为一体，吸引了大量的消费群体，在创造经济效益的同时还提升了城镇居民的生活品质。而为了进一步开发乡镇一级非物质文化资源，统筹“美丽浙江”的建设大局，根据文化部《关于促进文化与旅游结合发展的指导意见》等政策文件的精神，浙江省已经先后三次开展“浙江省非物质文化遗产旅游景区（景点）”的评选工作，目前共有 87 家单位入选。在“特色小镇”、“农村文化礼堂”建设等工程的带动下，小镇和乡村的历史风貌、传统民俗等特色资源正在融入到全省整体的社会经济文化建设中来。

（五）文化遗产产品和服务对外宣传推广平台进一步健全

依托于浙江省非遗节、“文化遗产日”、中国（浙江）非物质文化遗产博览会、杭州文化创意产业博览会、杭州亚太传统手工艺博览会等平台，浙江省近十年来积极将本省的优秀文化遗产产品对外

① 王瑾芸. 新版宁波历史文化名城保护规划稿出炉覆盖全大市[EB/OL]. http://nb.ifeng.com/app/nb/detail_2015_09/08/4321891_0.shtml，2015-09-08.

进行宣传推广，提升公众对于本土文化遗产的认知程度，增强文化遗产产品和服务的社会知名度，为将文化遗产资源转化为文化遗产资本提供了条件。为了更好地传承本土文化遗产、拓宽本省文化遗产产业的销售渠道、弘扬传统品牌文化，在《浙江省人民政府关于全面实施“三名”工程的若干意见》文件精神的指引下，浙江省启动了“浙江名品进名店”工程。借此机会，龙泉宝剑、龙泉青瓷、丝绸制品等传统工艺品得以进入杭州大厦等现代商业空间。目前这一试点工作取得了超出预期的成功，有望向浙江省其他城市推广①。

在各级政府以及社会团体的共同努力和协助下，浙江文化遗产正在积极主动参与对外交流合作活动，不断地将本省的各类文化遗产产品带到海外。近年来，在台湾、日本、欧洲、美国、非洲等国家和地区都能经常看到浙江传统工艺品和技艺登台亮相，足迹可谓遍布全球，一方面开展国际文化交流、展现浙江传统文化魅力；另一方面也在抢占国际贸易市场，为本省文化遗产产业开拓更大的生存和发展空间。

三、目前所存在的主要问题

浙江省拥有数量丰富的文化遗产资源，有大量遗产项目进入国家级遗产名录，并且在将文化遗产资源转化为文化遗产资本的路径上探索出许多值得称赞的产业化发展模式，取得了较为理想的成绩。但是在此之中还存在一些问题需要注意，这些问题不但制约了浙江省文化遗产产业的进一步壮大，而且有可能会威胁到

---

① 祝之君，郑迪雅．名品进名店杭州先实践[N]．国际商报，2015－09－24(C4)．

宝贵的文化遗产资源的生存前景，这些问题主要表现为以下几点：

（一）文化遗产产品的品牌化程度有待进一步提高

浙江省虽然遗产丰富，但是在产业化发展的道路上，更多的遗产项目并没有形成足够的品牌效应，直接影响到了市场竞争力和扩大再生产。以非物质文化遗产项目为例，虽然浙江省拥有全国数量第一的国家级非物质文化遗产项目，但是从商务部认定的“中华老字号”名录来看，浙江省非物质文化遗产的产业化、特别是品牌化的程度与遗产项目总数之间的关系表现得并不平衡。在2006年商务部公布的“第一批‘中华老字号’名单”中，浙江省共有38项入选，在数量上位列全国第三；在2010年商务部发布的“第二批保护与促进的中华老字号名单”中，浙江省共有53个企业品牌登榜。截止到目前为止，浙江省共有91项老字号企业品牌进入“中华老字号”名录，从总量上来看只能居全国第四。这说明浙江现有的老字号企业没有形成足够的品牌效应，在新的时代语境中社会影响力亟需提高。又比如在旅游产业中，虽然浙江已经成为一个旅游大省，但是除去西湖等少数几个具有较强竞争力的文化旅游产品外，更多的地区则面对着“缺少明确的城市旅游形象品牌”、“缺少具有核心竞争力的王牌景区”[①]的尴尬局面，问题的一大症结就在于没有将祖先留下的遗产集中转化为引人注目的强大软实力。如何将那些历史悠久的“老字号”企业品牌打响、将遗产资源优势切实转化为具有市场竞争力的品牌优势，将成为本省文化遗产保护开发中的一大关键工作。

---

① 绍兴市人大常务委员会. 关于加快我市旅游业转型升级的调查与思考[EB/OL]. http://sxrd.sx.gov.cn/art/2014/4/24/art_14847_483165.html，2014-04-24.

表1 7省(市)企业品牌入选“中华老字号”名录数量比较(按注册商标计)[①]

省(市)	入选数量	全国排名	省(市)	入选数量	全国排名
上海	180	1	山东	66	5
北京	117	2	天津	66	5
江苏	96	3	广东	57	7
浙江	91	4			

(二)旅游产业中的文化遗产资源开发利用有待进一步优化整合和提升

浙江是旅游产业大省、强省,文化在旅游业的整体发展规划中被视为一大亮点和重点。从《浙江省人民政府关于加快培育旅游业成为万亿产业的实施意见》一文来看,浙江省在未来要重点打造文化旅游示范区、文化主题酒店、工业旅游示范基地、非物质文化遗产旅游经典景区[②]。但是从目前的数据来看,包括文化遗产在内的文化资源在旅游产业经济中还没有充分发挥作用。2014年,在浙江省国内旅游人均花费结构中文化艺术花费只占据1.6%的比重,比2012年减低0.7个百分点;购物消费比重占26.1%,对比起发达旅游市场还有非常大的差距。从国内游客旅游目的构成情况来看,以文体科技交流为目的的游客只占1.1%,比2013年减低了0.2个百分点;以宗教朝拜为目的的游客占1%,连续两年比重都在降

① 数据来源:商务部.保护与促进中华老字号名录[EB/OL].http://zhlzh.mofcom.gov.cn/searchNews.do?method=newsContent&&id=29380,2015-01-12.

② 浙江省人民政府.浙江省人民政府关于加快培育旅游业成为万亿产业的实施意见[EB/OL].http://www.zj.gov.cn/art/2014/11/25/art_32431_187542.html,2014-11-25.

低，这明显与自古以来就有“东南佛国”之称的资源优势是不匹配的，宗教文化旅游完全可以被转化为旅游产业中的一大重头戏[①]。

浙江省旅游产业与文化遗产资源虽有较强的融合之势，但是目前对于这些资源利用的广度和深度还是不够的，在我们重点开发较为新兴的旅游产品和服务的同时，不能埋没了大好的文化遗产资源。即便是在乌镇这样的较为成功的开发建设工程中，这一毛病也暴露得十分明显——它没能深化利用自身的特色文化资源，不能形成个性鲜明的特色，提供的文化产品和服务单一雷同，商业气息盖过了文化古镇应有的淳朴风韵和人文气质，在江南六大古镇中彰显不出与众不同的魅力。另一方面，由于历史、地理等原因，浙江省文化遗产资源分布较为分散零碎，没有形成集中化的规模效应，又缺少精品路线作为串联，这也制约了文化遗产资源在旅游产业中发挥更大的作用。

（三）创新能力不足、专业人才匮乏

由于缺少对于特色文化遗产资源优势足够深入的了解，目前的开发一方面致使大量的优质资源被搁置不理、只重申报而偏废保护和开发，另一方面对于现已开发的资源缺少精心细致的规划，只用皮毛而不去挖掘遗产背后更加深厚宽阔的文化内涵。根据浙江省发改委最近发布的数据显示，本省丝绸产业、黄酒产业等规模较大、历史较长的历史经典产业都面临着“创新设计能力不强”、“产品附加值不高”、“人才青黄不接”[②]的问题。这些发展成熟的

① 浙江省旅游局. 浙江旅游业发展报告 2014[M]. 北京：中国旅游出版社，2015，15 页.

② 浙江省发改委外资处. 重点产业和历史经典产业新闻发布材料[EB/OL]. http://www.zjdpc.gov.cn/art/2015/10/23/art_1679_1546659.html，2015-10-23.

企业都面临着如此问题，更遑论那些刚刚起步、市场空间较少、社会知名度更小的文化遗产产业。有很多老企业不能把握和紧跟社会消费风尚和心理的变化动向，市场应变能力偏弱，不能根据消费需求调整经营模式和策略。像杭州的颐香斋、九芝斋、采芝斋等老字号食品加工品牌，不能根据当下大众的饮食消费主张对自身的产品进行更新换代，越来越难吸引年轻一代消费者，生存状况堪忧。而与之相，像知味观、楼外楼之类品牌经营情况之所以要更好，在很大程度上是因为他们在产品改良和销售渠道上结合现代需求进行了升级改造。一味抱残守缺，只能是作茧自缚，对于那些不能跟上时代节奏的企业是时候开始寻找新的生产点和利润点了。

更为普遍的情况是，一些地方为了跟上"遗产热"的潮流，打着举办文化节的名义，简单粗暴地动员当地特产和习俗，属于"应景之作，曲终人散，为办节而办节"①。与创新能力不足互成因果关系的是缺少专业人才，有更多新鲜血液的注入固然能够在一定程度上改变目前的局面，但是也只有相关产业展现出足够的市场潜力、创新能力的时候，才能吸引和汇聚更多的人才进入行业。

（四）在大力开发优势资源的同时忽视了较为边缘化的文化遗产资源

文化遗产自从其诞生之日开始，就是带有一定的阶级性的，有些历史资源长期受到众星捧月般的优待，而另外还有更多的资源则被贴上下里巴人的标签，长期浸淫在乡土的气息中。但是在现

---

① 陈野．试论传统文化资源的当代产业转化——以浙江为案例的分析研究［J］．浙江学刊，2012(1)：203—209页．

代的文化语境中，应该尽力破除这种针对遗产的二元对立观念，所有的文化资源之所以被视为国家或区域的遗产是因为它们能给特定的人群带来认同感和历史感，并无贵贱优劣之分。西湖景观、西泠印社、鲁迅故居、龙泉青瓷烧制技艺等项目固然是品牌价值更高的遗产资源，但是我们的保护和开发不能只限于关注和争夺这些热门资源，而是要全面审视和深挖本省所有具有开发价值和潜力的遗产资源。以传统戏曲类遗产为例，浙江是中国戏曲的重要发源地之一，它曾经有过辉煌繁荣的历史，全省共有 43 个戏剧、曲艺项目入选国家级非物质文化遗产名录，但时移物换，它们现在面临着相当严峻的生存危机。根据浙江省文化厅的调查统计，到 2014 年全省能够正常演出的剧种只剩下 17 个，处于濒危状态的则多达 20 项。虽然有关政府部门针对这种现状加大了政策扶持和资金支持力度，但是仅仅依赖于政策的外部支持，而缺少自救、自强能力，不能在演出市场上开拓出一片新天地，也难以从根本上解决问题。

四、进一步推进浙江省文化遗产产业化的建议与对策

综上所述，浙江省作为一个文化遗产资源大省、强省，近年来在文化遗产资源产业化的道路上取得了十分可观的进步，但是同时也面临着一些亟需解决的问题。为了更有效地保护和传承文化遗产，加快文化遗产的现代转型，将资源优势更好地转化为资本和产业优势，实现更大的政治、社会、经济、文化效应，浙江省在开发和利用本省文化遗产资源上可以主要从以下几个方面入手：

（一）深挖文化遗产的文化内涵，并将其转化为品牌效益

从本质上来说，文化遗产产业属于一种内容产业，鲜明的本土

特色、厚重的文化底蕴才是这一产业最为根本的发展基础。所谓的“遗产热”已经在中国走过了十余年的历程，最初出现的粗放式的开发模式已经越来越难以满足当下大众的文化需求了，我们需要从文化遗产的浅层皮毛向内、向深挖掘。就浙江而言，山水文化景观、传统手工艺、传统艺术、历史文化名人等文化遗产资源，相比较而言具有核心竞争力并且特色优势明显。然而仅仅将这些文化遗产的衍生产品转化为普通的市场商品是不够的，更应当依托它们的历史文化内涵，去增加产品的文化附加值和文化品牌价值，只有这样才能更为有效地增加文化遗产产品的经济附加值。

美国学者道格拉斯·霍尔特认为，品牌并非是“独立于历史之外的抽象实体”，相反它是一种随着社会发展而变迁的“历史的实体”①。所以对于那些年代久远的老字号企业和行业而言，现在为了更好的创造价值，就必须对于自己的品牌定位进行适当的调整，与社会文化消费心理相契合。企业需要做的不仅仅是对自己的产品和服务进行升级创新，更重要是的如何利用自己资源优势。在现代品牌管理学的观念中，“建构一种品牌文化强调文化资源的作用，其中包括建构品牌内涵和价值的文化张力、遗产、历史以及神话。”②中国的文化遗产经济发展到今天，在某种程度上已经成为一种红海市场，各个地方都在争相恐后地推出自己的文化遗产产品及服务，除去采用“技术创新”和“混搭创新”开拓蓝海市场空间之外，也更应该探索采用“文化创新模式品牌战略”的可能性和可

---

① 道格拉斯·B.霍尔特.品牌如何成为偶像：文化式品牌塑造的原理[M].胡雍丰，孔辛译.北京：商务印书馆，2010，46页.

② Jonathan Schroeder, Janet Borgerson, Zhiyan Wu. A Brand Culture Approach to Chinese Cultural Heritage Brands [J]. Journal of Brand Management, 2015(22): 261-279.

行性[①]。在把握社会消费风尚、深挖自身资源文化内涵的基础上，依托于新媒体、品牌和文化资产等优势，讲好自身的遗产品牌故事，创新文化表达方式。比如在浙江的黄酒企业执着于在酒精度、口感上做文章而又难有成效的时候，不如尝试利用当前中产阶级追求健康饮食的意识形态机遇和悠久深厚的黄酒文化，增进消费者对于相关品牌的认可度。特别需要指出的是，文化遗产品牌远远超出了企业遗产品牌的狭小边界，遗产的文化内涵不独为被像胡庆余堂、山外山菜馆、古越龙山黄酒这样的老牌企业或产品所独占，整个浙江的遗产资源可以被本省任何企业或品牌拿来使用。比如上海的“上下”品牌，它的创建历史不过八年，但是它所采取的“帮助中国重拾手工业的文化”的品牌构建理念却获得了很大的成功。杭州市重点打造的“融——Hand Made in Hangzhou”品牌在某种程度正是借鉴了“上下”、“上海滩”等本土文化品牌建构的基本理念，就目前的发展情况来看还是值得肯定的。这种依托于文化遗产的文化品牌战略值得相关行业和企业深入研究和推广。

（二）丰富和创新文化遗产产品的市场化渠道

除去传统手工业等少数遗产之外，今天大多数的遗产项目在历史上很少或根本没有被市场化，特别是那些长期存活于乡村地区的遗产。浙江省近年来的艺术品交易市场发展繁荣，但是这些市场平台很难为文化遗产的现代产品提供有力的支撑作用；而“浙江名品进名店”工程虽然开展得初见成效，但是仅仅依靠少量名店和名品还是难以带动全省文化遗产市场的整体繁荣。对于已经形

---

① 道格拉斯·霍尔特，道格拉斯·卡梅隆. 文化战略：以创新的意识形态构建独特的文化品牌[M]. 汪凯译. 北京：商务印书馆，2013，19—20页.

成一定规模的企业来说,“厂中设店”、在厂内搭建展示性平台是一种可供选择的营销模式,无论是从遗产保护传承角度还是从提升企业效益的角度来说,这都是一种较为理想的策略。大众不但能够在厂内、店内参观,了解相关的遗产作品、技艺流程,同时还能为参观体验所感染,购买相关产品,可谓两全其美。将遗产保护和开发紧密地融为一体,这比单纯地办展会、修建博物馆要高效得多。目前在这一方面,北京市珐琅厂、戴月轩老店等企业已经做出了成功的尝试,浙江的相关企业可以进行借鉴。而对于那些开发不充分、资源转化难度较大的企业,则需要由政府牵头主导,积极联合社会资本和 NGO,对遗产产品和服务的开发做出长远规划,拓宽融资渠道、搭建更多的产品推介平台,借助于浙江地区发达的物流系统、小商品贸易市场,积极融入本省具有竞争优势的文化创意产业相关产业链,将原本默默无闻的产品源源不断地送到消费市场。

(三) 整合区域文化遗产资源,集合优势,形成规模化效益

浙江的文化遗产资源遍布于陆地海上、城市街道、乡村小镇,分布零散,由于地域、行业、企业之间缺乏统筹,在市场经营、品牌建构、推介营销的等方面都存在各自为战、封闭发展的局限性。要改变这一局面,必须要树立全省一盘棋的大局观,打破行政管理和开发运行机制的条块分割模式,整合省内不同地区、不同种类的文化遗产资源,提炼出鲜明的特色和主题,把区域文化遗产产业做大做强,形成较大的产业规模和强劲的市场竞争力。依托于本省的优势条件,以旅游产业和文化创意产业为重要抓手,进一步加快跨界融合的速度、拓宽混搭创新的眼界,建立起科学高效的产业链。以旅游业开发为例,浙江旅游业现在主要还是依靠于传统的观光

旅游形式，但是单纯的观光旅游占产业增加值的份额已经在逐渐缩小，旅游消费者们越来越青睐于在观光同时能够欣赏到文艺表演、参与体育休闲活动、获得医疗养生体验等等。所以应该根据市场形势，科学合理地规划设计出旅游线路，不仅向游客展示江南山水的风采，还要让他们领略到浙江茶文化、黄酒文化的精髓，欣赏到地道的鼓词评话、皮影戏，感受禅修、中医药学的博大精深。并且浙江工商业发达，传统手工业种类繁多，这些资源完全可以进一步开发出来，突出特色、做出一批精品，扩大文化遗产产品购物消费在整体旅游经济中所占比重。

（四）重新评估遗产资源的产业化价值，培育新的产业增长点

可能是由于文化遗产资源“过于”丰富，以至于在其他地方屡见不鲜的遗产争夺、抢夺事件在浙江省几乎从未发生，非但如此，我们还白白空置、低效利用了大量宝贵的遗产资源，譬如历史名人、宗教遗产、戏曲遗产等等。以历史名人资源为例，浙江省的优势是极其明显的，但是利用效率明显偏低，对于这些资源的利用不能只停留保护名人故居、兴建主题公园、出版名人文化通俗读本、举办主题讲座的层面上。更重要的是需要加大对这些名人的宣传力度，让其切实发挥出强大的名人效应，产生巨大的文化向心力；更加注重将这些资源与文化产业进行紧密融合，比如旅游、影视、动漫、戏剧等等。

绍兴对于鲁迅这一名人资源的利用就非常成功值得其他地区借鉴和学习：以鲁迅的巨大社会知名度和影响力为基础，将鲁迅这一文化符号转化为文化资源和品牌，在品牌经营上，据统计绍兴地区的商家从鲁迅作品或生平事迹中提炼并抢注的商标早已经过百，而像咸亨酒店这样的品牌已经形成了全国连锁的大规模经营格局，在2009年世界品牌实验室发布的《中国最具价值品牌榜》中，“咸亨”品牌曾以41.22亿的价值列居榜单的前列。同时以鲁迅文化为线索，串联起绍兴地区的山水景观、古城和乡村风情、饮食文化、休闲娱乐和购物产业等等，带动地区文化产业经济的整体发展。浙江不仅仅只有鲁迅这一张金光闪闪的“名片”，还拥有刘伯温、徐文长、王守仁这样的历史传奇人物以及围绕他们展开的众多传说故事，但是面对这些资源我们却表现得束手无策或熟视无睹。日本可以借助于一休宗纯这一人物原型创作出风靡全球的《聪明的一休》、对古代神话传说进行移花接木演绎出大受追捧的《火影忍者》；那么依托于如此优秀的资源，我们也可以将其转化为叫好叫座的作品，何必去一窝蜂地跟风对四大名著之类的热门题材反复改编。

（五）破除遗产资源等级化思维，将“包袱”转化为资本

遗产资源作为一种文化人造物，势必会被各种话语权力赋予具有差别性的身份、价值，将其划分为所谓的贵族遗产和平民遗产的观念由来已久，甚至在不同的社会语境中，同一种遗产的价值定位也会发生变化。但是对于文化遗产的保护和开发而言，不应该带有这种先在的价值判断。在各类展销会、博览会、博物馆、拍卖会等平台上，品牌亮相的不应该只有精美光鲜的丝绸、锋利坚韧的宝剑、古色古香的青瓷，那些带有乡土气息的遗产产品同样需要有平台来为更多的公众、消费者了解和接受。像传统戏剧、曲艺、舞蹈这样的遗产样式，仅仅依靠政府的补贴是难以走上真正的复兴之路的。虽然现代的文化语境已经发生翻天覆地的变化，但是对于古老的艺术在内容和形式上进行大胆创新、并为它们搭建好通往更宽阔天地的桥梁，也许情况不至于像现在这样尴尬。在现代

社会，乡村景观、乡村民俗、乡村体验已经变得越来越为城市居民所向往，在城市化和新农村建设的同时，乡村的山水田园景致、古老的风俗仪式、淳朴的乡音土调都可以被转化成为旅游、休闲、教育、艺术创作的重要空间和载体。在不破坏原有大格局和面貌的基础上改善乡村的基础设施，将乡土物产、戏曲、手工艺、民间故事等遗产资源连成整体，让传统的农耕文明散发光彩，能田园而惬意地栖居于远离尘嚣的土地上对于当代人而言也许更加难能可贵。

高校动漫专业教学体系改革的必要性分析

范小春

摘　要：随着政府政策对动漫产业和教育的支持，从本世纪初开始国内高校动漫专业教育规模得到快速的发展，但同时带来了高校动漫专业培养出来的毕业生与动漫产业对人才的要求严重脱节的问题。对高校动漫专业的发展背景和教育现状进行分析和思考，提出要明确专业定位及教学体系的建立，培养符合产业需要的动漫专业人才；研究动漫教育的发生与发展以及研究当今产业环境，明确高校动漫专业的教育和发展方向以及定位；理顺教育与产业的关系、解决如何与动漫产业对人才的要求深度接轨的教学模式和体系，确定高校动漫专业的办学目标，使之符合未来产业发展的需求，是中国动漫产业的良性发展和动漫专业人才培养当务之急要解决的课题。

关键词：动漫；现状；教学体系；改革

一、国内动漫专业发展的背景

中国是全球最大的动漫产品消费国家，动漫产业也被认定是有着巨大开发潜力的朝阳产业，在经济社会发展和文化建设中发挥着越来越重要的引领作用。作为基于多产业融合形成的战略性新兴产业，无疑具有先导性、成长性及辐射性等典型特征。从本世纪初开始，政府在政策及经费支持力度上都要远远大于其他国家，世界上没有第二个国家像中国这样重视动漫产业和动漫教育的发展。然而，经过了 15 年的高速发展，我们仍与美国、日本、韩国和欧洲等发达国家和地区有着很大的差距，我们的动漫产品和动漫教育的质量仍然不能令人满意。近十年来，从中国没有出现过在国际上独树一帜的、高水平、高质量的动画艺术作品便可窥其一斑。

动漫产品的品质水平及产业的持续发展与否，毫无疑问与动漫教育的质量是一体的。在政府政策的支持下，短短几年内，全国超过 67％的院校都一窝蜂上马开办了动画专业，专业扩张的速度远远超过产业发展对人才的需求。据不完全统计，目前国内已有近 450 所高校，以及包括中职、高职在内约 1230 多所院校开设了动漫的相关专业，动漫专业在校生将近 50 万人，每年培养毕业生逾 10 万人。就近五年的全国毕业生就业率情况来看，这种极速扩张带来的后果已经逐步呈现，高校动漫专业培养出来的毕业生与动漫产业对人才的要求严重脱节，动画专业被喻为了“挂红灯的热门专业”。

那么目前动漫专业已培养的人才数量是否已经超过动漫产业的需求呢？答案无疑是否定的。笔者通过对国内一批知名动漫企业的考察和调研，发现所有动漫产业对专业人才的需求还处于求贤若渴的状况。那么造成“挂红灯的热门专业”这种现象，显然是高校培养的动漫专业毕业生质量与动漫产业对人才的需求之间存在严重的脱节问题。在 2010 年中国动漫年产量已达 22 万分钟，取代日本成为世界第一动漫生产大国。但是中国动漫产业链发展中尚存在诸多问题，尤其是前期创意不足，中期制作急功近利。所谓的动漫“大国”仅仅是数量上的“大”，而质量上仍令人堪忧。

而《动漫蓝皮书：中国动漫产业发展报告（2015）》中指出：2014年中国动漫产业创新步伐明显加快，国有民营、新老媒体多元主体竞合局面初步形成，业务形态更加丰富多元，产品类型更多，品质有所提升，市场活力、产业潜能进一步释放，整体进入结构调整、产业融合和转型升级的关键阶段。中国动漫产业正在进入以互联网为核心，跨形态、跨媒介、跨行业融合发展的新时代，动漫＋互联网＋相关产业的融合发展必将使动漫产业的未来格局发生根本性变化。对此，我们需要依靠实施创新驱动发展战略，着力提高产业发展的质量和效益，实现中国动漫产业提质增效升级和有质量有效益可持续的发展。这里明确指出中国动漫产业将迎来新的改革，而动漫产业的改革首先需要从高校动漫教育体系的改革入手。要想成为真正意义上的动漫产业大国，我们缺少的是能被观众喜欢，高质量的艺术作品和产生作品的大师——人才。高校无疑是培养人才的摇篮，动漫专业教育的蓬勃兴起与动漫产业庞大消费市场及产业集群经济的发展有着紧密的关系。高校培养的动漫专业人才是中国动漫产业的未来，是动漫产业健康持续发展的希望所在。

因此要改变上述状况，使动漫产品在质量上获得提高，对高校动漫专业教育而言：如何加强人才培养，提高动漫原创能力；如何改革培养方案，积极走产学研相结合的人才培养道路；如何改进教学模式，鼓励校企合作，培养高等复合型人才便是当务之急的事情。

二、国内动漫专业教育的现状

中国动漫专业教育主要表现为下列几个层次：一是以本科与

研究生培养为主的艺术类动漫院校，这是目前中国动漫教育的主力军，以培养“具备创新能力，以动漫本体艺术语言为本，掌握新观念和新技术，同时兼备较高艺术修养的动漫设计人才”为目标。二是以本科与研究生培养为主的理工类院校中的动漫专业，主要培养动漫管理与研究型人才，这类学校的学生具有较高的文化素养，但是绝大部分学生缺少基本的艺术表达能力。三是高职高专类学校，以培养技能和应用型的技术专业人才，注重单一的技能培训。四是培训学校，主要承担动漫游戏专业的短期培训和行业认证、证书培训等任务。以上几种办学模式是中国动漫艺术教育的基本状况和主导模式。

而从目前状况来看，高校动漫专业人才的培养与动漫产业的实际人才需求之间存在着严重的脱节问题，这将直接制约着中国动漫产业和动漫专业人才培养的健康发展。随着招生规模的扩大，这一问题已越来越严重，原创动漫人才的匮乏和人才培养模式与教学思路的错误，已经严重地制约着我国动漫产业的发展。教育规模的极速发展，导致国内动漫专业师资尤其是优秀的师资力量明显不足，促使动漫专业学科体系的无限扩大化。大部分院校采取的是以培训某种动漫技能的方式进行教学，并且冠以所谓的“数字”、“新媒体”等名称代替本体动漫独特的学科体系。教学队伍基本是“八国联军”的结构方式，根本谈不上新知识体系的建立，缺乏长远的专业发展目标。同时在相当多的专业院校，对动漫专业教育缺乏正确的认识和科学的定位，许多人认为动漫专业教育就是计算机加美术能力，对其教育本质理解过于狭隘化，无法从本质上解决问题。

我国的动漫产业和动漫人才培养都正处于在一个发展的十字路口，单靠资金和政策扶持并不能使动漫产业健康高速地发展，只有不断反思现有人才培养模式的不足之处，开创新的人才培养培养方案，制定符合产业和教育发展需求的教学体系，突破“关键性人才缺乏”这一瓶颈才是根本之法。虽然从本世纪初中国动漫专业教育的规模开始极速发展，但是高校的动漫专业教育还只能算是刚刚起步，现有的大、中专院校动漫专业人才的培养模式存在着先天性缺陷，具体表现为以下几个方面：

1. 学科建制与培养目标不明确

首先，中国动漫专业名称不统一，缺少规范性要求，这就使得专业的内涵不固定，导致人才培养目标的不一致，教学质量缺乏评估测量的标准。其次，专业设置不科学，导致体系建立与培养方向的难以确定。现有大中专院校往往把影视动画人才、网络游戏人才、手机游戏人才、网络动画人才、手机动画人才、软件人才、平面设计人才、电视台编导等专业人才培养混为一谈，而并未明确培养目标是培养动画片的创造、制作人才，存在定位不明确的现象。这一问题随着2011年学科体系的调整，“影视与戏剧学”变更为一级学科而得到一定程度的缓解。

2. 教学模式滞后，与就业明显脱节

动漫是高科技技术与艺术的结合，具有较强的实用性，是在实践中得以迅速发展的。动漫教学本应是一门艺术与技术并重的结合过程，但如今的“学院派”采取的教学模式却存在教学的内容体系不合理、教学资源封闭、老化等问题。他们未能从动漫实际应用出发，而大多以枯燥的理论教育为主，职业基础课程不足，专业技能训练太少，提供给学生参与项目实践实习的机会较少，陷入了“知识中心型课程模式”泥沼，形成了“照本宣科”的封闭教学式培养模式，这种人才培养的教学模式是远远落后于世界其他国家的课程教学模式，它从根本上影响了动漫专业人才培养的质量。这种传统教学的人才培养模式培养出来的大多是“只会画故事，不会说故事”的“画工型”人才，严重地与就业需求脱节。

3. 师资力量及其水平的制约

动漫专业是新兴学科，使得大部分的专业教师趋于年轻化，大多数是刚毕业的青年教师，有些教师甚至是从其他学科临时转入动漫专业，缺乏在动漫领域的理论研究和实践磨练经验，对动漫的认识仅处于表层。同时，自我提高和完善的机制不健全，现有的知识体系未能及时更新，部分教师还缺乏思考和创新精神，没有独立的科研能力，直接导致了学生的知识结构紊乱，无法满足实际就业要求。

4. 教学环境不能满足学生规模的需求

目前，我国有大部分高等院校的教学师资、实验设备、培养计划、教育方法和办学理念等软硬件设施均处于构建、改革、提高和完善的层面，不具备大规模培养动漫人才的条件。但由于目前动漫产业对动漫人才需求量的倍增，再加以学生和家长的追捧，同时受经济因素的直接推动，使高校在准备不充分、条件不允许的情况下，却出现了一个学校一届一次性招收动漫学生数百人，上百个同专业的学生同堂学习专业技术课程的现象。在这种失调的情形下，培养出来的人才是不能适应行业人才需求的。

5. 教学实训内容存在误区

学、研、产一体化是动漫专业教育所期待的结果。在大部分学校中过分地强调把学生推出去，希望能立竿见影地提高学生的适应产业能力，这在很多高校里其实是无奈的选择，和学校的软、硬件条件有直接的关系。在正规的产业环境中，企业往往把学生当成是产业的“看客”，学生难以很快融入到生产团队中，久而久之，学生会产生自我怀疑，甚至丧失学习兴趣。其实，这样的问题与是否有一个完整的适合产业需要的教学体系和建立一支强大的专业教师团队有着紧密的关系，未来的产业人才培养，不是教育跟着产业模式走，而是教育引导产业发展方式，这才是行业和教育的进步。

三、教学体系改革的必要性

动漫专业的人才培养模式、教学体系与动漫产业，在日本、美国及欧洲的一些国家经历了将近一个世纪的发展，模式和体制都已经很成熟。但由于这些等国家的国情和教育机制等与我国相差太多，可借鉴的研究成果很少，无法在我国全面推广。

我国是在本世纪初才真正提出并大规模地发展动漫专业教育和动漫产业，经历短短十几年的急剧发展，人才培养与产业之间需求的脱节问题也已经暴露无遗。部分国内高校已经意识到这个问题，也进行过尝试，但基本属于“治标而不治本”，并没有形成解决问题的系统方案，在具体操作过程中一直存在很大的问题，不能真正实行和推广。因此，对真正解决国内高校动漫专业人才培养与动漫产业对人才的要求深度接轨的培养模式和教学体系的研究已经迫在眉睫，还需要我们做大量的探索性工作。

综上所述，动漫教育与动漫产业之间的很多问题是目前亟待解决的问题，关键是要明确专业定位及教学体系的建立，培养符合产业需要的动漫专业人才。国外的许多成功经验告诉我们，着眼于长远的战略目标，储备人才是未来动漫产业发展的希望所在。研究动漫教育的发生与发展以及研究当今产业环境，对明确高校动漫专业的教育和发展方向以及定位具有一定的指导意义；理顺教育与产业的关系、解决如何与动漫产业对人才的要求深度接轨的教学模式和体系对确定高校动漫专业的办学目标具有重要的现实意义；研究如何与动漫产业对人才的要求深度接轨的教学模式和体系，使之符合未来产业发展的需求，是我们当务之急要解决的课题，其对中国动漫产业的良性发展和动漫专业人才的培养都具有重要的意义。

参考文献：

[1] 卢斌，郑玉明，牛兴侦. 中国动漫产业发展报告(2015)[M]. 北京：社会科学文献出版社，2015，10 页.

[2] 严顺，左静. 高校动画艺术的发展与探索[J]. 美术大观，2011(06).

[3] 许盛. 高校动漫教育存在的问题及改革对策研究[J]. 教育探索，2012(07).

杭州动漫产业发展策略的思考与研究

王　钢　姚珊凤　张国锋

摘　要：　杭州作为国内动漫产业发展的标杆城市，汇聚了广大动漫界的资源和人才，为中国动漫产业的复兴注入了一股强大的力量。然而，在欧美、日韩风盛行的当下中国动漫市场，拒绝动漫强国对国内观众的“审美意识绑架”问题显得尤为严峻，杭州动漫产业如何发扬传统文化优势，领跑中国动漫产业发展，坚持正确的动漫核心价值观成为首要问题。

关键词：　杭州；动漫产业；核心价值观

杭州作为我国的“动漫之都”，动漫产业的发展一直是走在全国前列，并且已经形成了自己独特的体系构架。从外界看来，可以总结为：“一都”、“两节”、“两刊”、“几院”。“一都”：杭州作为一座城市，在“动漫之都”的名片打造方面，做了许多非常有意义的工作，使其得以在一个较高的高度上，为国家的动漫产业历史研究与保护贡献了一份力量；“两节”指的是中国国际动漫节和中国国际漫画节。举办多届且在业界形成了巨大影响力的中国国际动漫节及于 2016 年 5 月首届举行的中国国际漫画节，这“两节”极大地推动了杭州动漫产业的发展，促进了整个动漫产业的对外交流与合作，其作用和辐射影响力是显而易见的；“两刊”是指经杭州市多方努力与协调，动漫学术界将有两本属于动漫领域的学术研究刊物即将上市，这是对杭州动漫产业的肯定，也是对杭州动漫产业的一种激励。相信在接下来的时间里，结合当前动漫产业实践探索的经验，“两刊”在理论研究方面将会做出杰出贡献；“几院”，指的是杭州的几所高校，这几所高校在教育界都存有一定地位和影响力，对杭州动漫产业的发展起到了非常重要的作用，培养了一大批动漫领域的人才，为杭州人才储备及可持续发展奠定了坚实的基础，在未来的 20 年间必将发挥重要的主力军作用。如上的战略布局与不断深化落实，将对中国动漫产业的发展起到一个不可估量的作用。总的来说这一切无疑都体现了外界对杭州的一种认可，杭州的整体动漫氛围是全国领先的。然而，如何提高整个动漫产业发展的效率，使其在落后于美国、日本等动漫大国数十年之后能够少走弯路，真正达到质的飞越，还有很长的路要走，首先要重视的便是动漫产业的核心价值观的导向作用。

一、动漫产业的核心价值观

业内对于动漫产业核心价值观的讨论其实一直是存在矛盾的。从文化和意识形态的角度，大家所关注的重点并非经济利益。但从产业和产品的角度，大家又不得不去关注经济利益。所以在核心价值观的体现当中，在追逐利益和打造品牌的过程中，两者是矛盾的。要想权衡好这两者间的关系，我们应当注意切勿急于求成。一个动漫品牌的成就通常需要早期投入工作人员近十年以上的心血。如果不能沉下心来先把作品做好，只顾着盲目追求眼前的利益，最终可能只得到当下的一点蝇头小利，而将永远错失优秀的动漫作品所带动的一系列相关产业链所产生的源源不断的巨大经济回报。

其实，所有关注动漫的人，都在呼吁要走民族化道路，受众的想法也是一样的。但是，在我们的受众群体当中，在相关的制作单位和个人当中，都或多或少存在这样的现象，就是“审美意识被绑架”。国内的大部分年轻人，其实在一定程度上早已经被欧美、日本和韩国洗了脑。其中有一部分人更是只对日本动画作品中的人物和情节如数家珍，画风上也受到了极大的影响。这对于一个国家来说是不正常的，对于国内动漫产业的发展更是非常不利的现象。即使像近来大热的《西游记之大圣归来》这部具有明显中国风的诚意之作，其骨架里也应用了美式动画电影的经典故事模式，而创作者们就是在用美国动画大片的叙事方式来完成创作的。这种“审美意识被绑架”的现象在我们追求文化核心价值的过程中更起着不可忽视的影响。因而政府在制定相关政策和战略的时候，有必要在软实力的竞争中把核心价值观放在首位。

在动漫这个行业里，审美意识被外国所绑架的现象是非常严峻的问题。国内很多年轻人一提起动漫，就谈论的是欧美、日韩等国的动漫，因为中国尚缺乏自己的动漫审美标准。日本作为一个动漫非常发达的国家，前首相麻生太郎在国会演讲里曾经讲过这样一段讲话：“日本的动、漫、游产业所生产的产品，已经捕获了动漫不发达国家包括中国在内年轻人的心。”像他们这样通过动漫的形式将意识形态强行渗透给中国的年轻人，可以说是一种文化战争和文化侵略。所以，从某种意义上说，复兴中国的动漫产业不仅仅为了推动经济效益，站在国家利益的高度，也是为了我们的价值观导向问题。作为一个动漫工作者，我们不仅应该做出更多好的动漫作品，同时更应该通过动漫，为我们国家的整体审美标准、审美意识做一点贡献。而杭州有能力也有条件带个头来扭转这样的局面。

谈到动漫文化的核心价值观，很难找到当下中国的审美标准和精神支撑的核心价值。

美国的动漫主要是英雄加搞笑的整体风貌，这是对美国社会现实的反映。美国作为二战结束后硕果仅存的世界超级大国，其文化价值观自然将其国家自身塑造成"自由，平等，博爱"人权普世价值的铁杆卫士和"世界警察"般正义化身的国家形象。他们似乎时刻肩负着拯救世界人民的使命，于是就有了在美国大热的《蝙蝠侠》、《蜘蛛侠》、《超人》、《超能陆战队》、《守护者联盟》等英雄影片。

日本人主要突出了不屈不挠、勇于拼搏的精神。因为日本是岛国，他们在仅有的空间里生存感觉很是压抑，如果不努力奋斗，人的生存价值与发展也将不存在，体现在人和艺术作品中的危机意识比比皆是。我们可以看到日本竭尽全力地在它几乎所有的作品中去体现它的拼搏向上的精神。日本动画大师宫崎骏的动画作品深处好似都有一个声音在呐喊：活下去……。日本人的这种精神在它的作品中是无处不在。当然，他们的血腥暴力、色情等垃圾产品也很多。但是，它能被全世界认同或者说大家都津津乐道的作品一定是非常优秀的，一定是充分体现日本本民族的人文精神，这是日本作品所体现出来的核心价值。

二、动漫产业的核心价值观的体现

如何倡导与倡导什么成了我们要思考的问题，反观一下中国的电影产业是如何走向世界的便可清楚动漫产业的发展走向。中国电影和动画同样要遵循一个原则，今天的价值观、世界观应该把目光投向现实社会。中国的电影走向世界其原因是把我们的着眼点看向了今天人们的精神世界,在外国人的眼中不再是猎奇的中国电影,完全是现实的中国电影艺术。这在其他发达国家的电影所走过的路是一样的,他们的动画和电影都是在反映社会现实而获得人们的认可的。回过头来我们看看中国的动画作品,反映出来的很多都属于“陈年谷子烂年糠”的陈年旧事。细想一下,今天我们还去拍一百年前、五百年前的所谓选题,那么,若干年以后,或者再过一百年,中国的现当代历史就不存在了,反映当代人们生活的作品寥寥无几。动画人抱着几百年前的事情永远不放,而现当代人的生活不去表现,是一种非常可怕的现象。如果当代人不拍自己所熟悉的当代社会,或者在旧的故事中融入一些具有现代意义的新的解读,反而去拍那些自己所很难追究史实与人物内心情感的题材,脱离了当下现实生活与国情,那不是有些本末倒置,得不偿失了吗?中国现当代动画核心内容的历史将成为空白。

其实,从核心文化价值观来说,最能体现和说明问题的是在这个领域中的产品和作品是否有说服力。我们中国在动漫方面的核心价值观体现在哪里?我们说作品要讲人性,要讲本能,那中国的人性特征是什么?从精神层面来说,它应该是一种符合中国人精神状态的中庸精神。研究人成了首要问题,中庸之道是中和之道,和而不同。儒家文化在中国历史上被推崇了几千年,而中庸则是儒家文化的核心思想。中庸精神作为一种中华民族独具特色的逻辑思维,深深植根于中华民族精神文化的发展历程,其中蕴含了华夏人民几千年探索得来的丰富智慧,于外突出表现在中国人的思虑、气度,于内如影随形地展现在国人文学作品、影视及音乐、美术等艺术创作中的审美范畴。其实,从国内外很多著名的影片里,追根究底讲的都是人性。无论观众属于哪个种族,何种肤色,首先都是一个活生生的人。探究人性的主题永远可以引起人们的共鸣和思考，这种审美感受不分国界。所以，我们现在中国的动画作品，只有从社会现实及人的本能和性格出发，才有可能被社会包括全世界人们所认可，才会有一席之地。如何用中国的元素来表达中国的事情，而且是指今天的事情，是我们要高度重视的，这样才会有现实和深远社会意义，当然也会带来不可估量的经济利益。

三、动漫领域中文化导向的主导思想

动漫产业的文化导向从现今的作品中看，应该说跟很多人当初要复兴中国动画的愿望和想法稍微有点差别。想要复兴中国动漫，是个系统工程，更需要时间与作品的积累过程，要把“造就大师”、“造就作品”、“造就什么样的作品”三者关联起来，这才是我们在动漫领域中文化导向的主导思想。

多年来，中国动画一直追随着外国动画技术的步调在走，在当下几乎所有的中国动画影片里都能看到追随外国作品的影子。可是，影响力依然不及动画发达国家，原因何在？问题的症结之一就在于此。我们的技术研发和应用能力总体上要落后于发达国家10年到20年，目前在技术上只能靠大量引进。而适应高科技技术还需要个过程，技术和时间漫长适应期本身就已经变成了被动创作的跟跑者，而一个国家的动画影响力是建立在源源不断的动画精品的产出上，动画发达国家每年都有影响世界的作品诞生，比如美国的作品《小马王》、《功夫熊猫》、《阿凡达》等，来自日本的《千与千寻》、《蒸汽男孩》等，还有法国的《青蛙的寓言》、《美丽都三重奏》……这些动画不仅在内容上与时俱进，而且在技术上不断创新，使动画片既来源于生活，又领先于时代。天才的创意、动画家的培养、成熟的技术以及完整的产业链，外国动画片和它随之而产生的一切衍生品，就像插上了翅膀，以迅猛而凌厉的姿态，征服了全世界。可是，我们把自己创作手段建立在依赖别人的技术基础之上，放弃了中国原本所特有的自身优势创作体系，失去了独特的中国风貌而成为三流文化产品，这是值得我们思考和要解决的动漫领域中文化导向的主导思想。中国动画的未来也该如此，需要把创作的主导权交还给艺术家，给他们更充分的信任，容许他们失败，从现在做起。如今是呼唤精品动画的时代，艺术家应义不容辞地承担起这个责任。当艺术家们能够搭建中国动画金字塔的塔尖并且积累足够的优秀作品时，相信复兴中国动画就指日可待了。

然而现实情况却并不十分理想，可能因为在动漫领域当中，我们的期望值是希望能赶上欧美、日本、韩国。但是，这样的期望值过高，使我们放弃了踏踏实实做精品的一些努力，这导致了我们动漫产业的发展变得缓慢。希望通过若干年的积累，随着我们优秀作品的增多，中国能在世界动漫领域博得一席之地。

四、结语

值得欣慰的是，经过了这么多年的探索和努力，在兴衰起伏中不断调整我们的产业发展思路，我们的管理和决策层似乎也看到了问题的所在。从火热的普及阶段到只重数量再到产业升级打造精品阶段的拨正航向走过了漫长的过程，同时，也付出了昂贵的代价，从最初的盲目跟风产出，到现在趋于理性化的狠抓精品意识的指导思想是正确的。但是具体落实由谁来承担这个重任，我觉得也应该调整下思路，换句话说，指着国家扶持政策跑马圈地的时代过去了，问题是创作离不开经济的推动，谁来掌握创作支配权是摆在我们面前的关键问题。我们适时地提出从商人手中夺回创作的主导权和支配权并交还给艺术家是改变产业现状的命脉所在。商人是以作品当钱，艺术家是以作品当生命来看待，两者有着本质的区别，借鉴国外的先进做法也早该如此，我们需要一部部精品的诞生和积累，精品才有意义，改变中国动画的国际地位才有希望。另一重要的改变是中国做了正确的选择，在动漫教育领域的普及程度要优于动画发达国家，这是中国业内的共识，人才培养和储备足以保障在未来的若干年的竞争中击败发达动漫国家，而成为领跑者，这是我们近 20 年来积累起来的自信。从大的世界经济格局来说，动漫领域的人才培养就不是培养过剩，也不是就业亮起了红灯，而是人才的培养还远没有达到新经济时代的需求，这个在未来各领域都将成为科技支撑作用的核心学科必将给人类带来革命性的改变，不仅仅在动漫领域，在所有领域都将是发挥巨大作用。在目标明确、思路清晰、审美价值正确的得当引导下，动漫产业一定会成为世人所瞩目的希望产业。总的来说，近些年来杭州动漫产业是走出了自己的城市特色，领跑全国。我们很快就能看到许多或由高校组织，或由专业动画工作者的倾力创作，或由国家扶持的精品动画项目出现在大荧幕上。它们或许还有许多或技术方面、或艺术表达方面不成熟的地方，相信在不久的将来一定会超越当代动漫产业已经发展得十分成熟的美国、日本等动漫大国的动画大片，一跃成为动画世界强国。从现在开始将不断地向人们传递着一个信号，那就是：中国动漫产业并没有停止过它前进的步伐，尽管中间可能会有许多曲折，但是最终我们一定会到达属于我们本民族的独特的动漫艺术的高度，唤回属于我国动漫产业曾经有过的荣耀与辉煌。

也许到了那时候，我们更能深刻体会到，我们有那么多源远流长的传统文化宝库，我们的先人为我们留下了那么多智慧的结晶，我们要为我们的国人去做一部他们能够心领神会，并对当下生活有所启发的动画。我们不需要过多地模仿他国，而是要吸取一些他们成功的经验，而后用我们自己的核心价值观重新进行筛选和应用，以最适合表现出我国民族文化精髓的方式来应对来自各国动漫产品的挑战。

参考文献：

[1] 罗伯特·麦基. 故事[M]. 天津：天津人民出版社，2014.
[2] 寇强. 美日动漫角色与类型的文化价值观念[J]. 电影文学，2014(22)：50—51.
[3] 蔡尚思. 孔子思想体系[M]. 上海：上海人民出版社，1982.
[4] 袁恩培，何明. 论中国艺术设计之中庸精神[J]. 重庆大学学报：社会科学版，2008(6)：118—121.
[5] 特伟. 创造民族的美术电影[J]. 美术，1960(10).

动画片的特征与现代科技的融合

郭 冶 郭 恰

动画、动画片，这是目前我国社会上通用的叫法，最早称为卡通(cartoon)是英文的音译，其意为漫画。漫画一种是用简单而夸张的手法来描绘生活或事物的图画。一般运用变形、比拟、象征的方法，来达到尖锐的讽刺效果。而另一种是指画风精致写实、内容宽泛、风格各异、运用分镜头式手法来表达一个完整故事的绘画作品。“动画片”的称呼实际上是在20世纪50年代由日本翻译而来，在我国，动画一词更是要推后到80年代才通行起来。

美术片是中国名词，在世界上统称ANIMATION，即动画片、木偶片、剪纸片的总称。美术片主要运用绘画或其他造型艺术的形象(人、动物或其他物件)来表现艺术家的创作意图，是一门综合艺术。美术片有短片、长片和系列片多种，题材和形式广泛多样，在世界影坛占有重要地位。

当今世界上对此专业之正确称呼为“Animation Cartoon”。Animation的词根是Anima来自拉丁语，意思是生命的呼吸，或有灵魂之意。Animate是Animation的动词形式，有赋予生命之意，表示活动起来，给以精神。Animation是名词，其词义是：1.给……精神、鼓舞……勇气的行为；2.使用逐格拍摄的方法，使一切没有生命的事物产生看起来像有生命一样运动起来的电影。国际动画组织从动画创作技术层面给出了新的定义:“动画艺术是指除真实动作或方法外,使用多种技术创作的活动影像,亦即是以人工的方式创造动态影像。”

在20世纪80年代末、90年代初,由于电脑技术的快速发展,电脑从二维功能发展到三维动画表现使用在影视动画创作时,出现了这样一种现象:把原先的“动画”创作,都称之为“二维动画”,归纳进“二维”动画,并称其为“传统动画”“手绘动画”、或称“平面动画”。前面我们已讲过我国的美术片创作有大量的三维表现,如木偶、布偶以及现在的泥偶。为了区别于这种错误的叫法有人提出了“传统动画”、“逐格动画”,以示与“二维动画”叫法的不同。“二维”、“三维”本来都是电脑带来的两种表现方法,如今这种把电脑应用只看做“三维”而剔除了“二维”,似乎也颇有不当。不论如何,电脑应用总是一种技术手段,要为艺术创作服务,不应把“动画”的艺术创作生硬地纳入“二维制作”概念,这是认识上混淆不清的叫法。

当然,现在数字技术突飞猛进的发展,“动画”在创作上也更加进步,在影视特效、在电子游戏、在网络及多种媒体中,都有了“动画”的参与,由此形成了动画的另一分支——“电脑动画”。电脑动画使技术与艺术相结合得更加紧密,也给动画创作带来了发展的更大空间,电脑动画二、三维技术手段的运用,为动画艺术创作更快更好地提供了物质条件和技术支持的平台。

一、动画片的美术特征

动画片脱胎于影视艺术,是影视的一种创作类型。因此它的构思、设计、制作、运营……等等同影视片大致相同,但由于艺术表现手段有所不同，艺术特征也有自己的个性特征。

首先，动画是建立在美术学科基础之上的一个专业，它兼有美术和影视两种艺术的特点，但又有别于它们。过去有人认为动画片是影视片的一种，但若从美术创作角度上看，从宏观上讲它也应是美术的一种表现形式和手段，因为它不是电影美术而是美术电影。当然这种看法孰是孰非姑且不论，但有一点可以肯定，既美术与电影，“你中有我，我中有你”，二者密不可分。在动画片制作人员中，从导演、美术设计、演员(甚至包括摄影)等主创人员，首先都必须具备一定的美术知识和绘画能力，从分镜头剧本，到设计角色及表演，都得由创作人员画出来或操作完成。当然还要掌握有关影视的综合知识。

其次，影视拍摄是连续的、立体的，得到的影像也是现实的自然的影像，而动画片是画出来的图像，然后经过逐格(帧)地拍摄，再经过连续播放，其拍摄条件并不完全一样，动画片在拍摄移动镜头时，有一定局限，由移动摄影台面而相对完成，而当今在数字技术及软件的支持下更加方便易行。

1. 影视实际拍摄中的演员是由真人扮演角色去完成，而动画片则靠原动画一张张画出来或一格格摆出角色连续动作，再拍摄完成。或者运用不同的特殊材料和手段——如纸、布、泥、钢丝、草棍、颜料等等材料，通过画、剪、摆、塑等，然后用影视手段来表现，它不受真人实景的局限，存在于人们幻想之中。

2. 影视片本体特征是一种现实生活的拍摄纪录，是“活动的照相”，在表现生活化、纪实性方面具有自然的优势，它要在写实的基础上去表现“真实的梦幻”；而动画片本身，首先是设计出来的，而影视片是如实地表现自然的真实，动画片虽然也能做到，但有一定的困难，会费力不讨好。因为动画片适合表现夸张和幻想的内容，如童话、传说、民间故事、寓言等类题材，这类题材为动画片提供了广阔的表现天地，当然在反映现实生活方面，也可以直接反映或间接地运用虚拟、借喻、影射、反衬等等多种曲折方法和手段去表现深刻的主题。不论表现什么样的题材，关键在所说明的主题思想是否有永存的价值。尽管紧跟了时代，追逐了政治潮流，但也不一定就是“好作品”，存在着一定的浮夸风，这也足以引起我们的注意。

二、假定性与逼真性

在动画片创作实践中不能忽略又难以把握的问题——假定性与逼真性的关系，也有人说，是真实性与戏剧性关系，或生活的真实性与艺术夸张的关系。

真实性是一切艺术的生命。这种真实性并不是一草一木的真实，或仅仅是现象的真实，是一种“逼近生活的真实”，而非完全等同于真实生活和生活本身，不是生活自然主义的实录。这种逼真是在现实基础上的提炼，比生活更集中、更概括、更典型，是经过艺术再创造的真实，是来源于生活本质的艺术真实。另外，一切艺术创造既要反映客观的真实，又要表现主观的真实(情感上的真实)。中国戏曲艺术创作中讲演戏：“不真不是戏，太真不是艺，悟得情和理是戏又是艺。”艺术创作是一切艺术家主体意识与客观物象交流的产物。正如古代画论中所讲“外师造化，中得心源”的道理。作为影视艺术，由于其照相本身具有纪实性的特点，其作品力求人们“如临其境”、“如闻其声”、“如见其人”；要求“绘声绘色”、“维妙维肖”。尽管影视艺术有追求逼真性的内在倾向，但不论怎么说各类艺术在表现真实性的同时并不能排斥假定性，不能排斥艺术创造。

同样在影视艺术中最大的假定性莫过于蒙太奇，创造思想、构建情节、处理不存在于生活中的银幕时空。

而动画艺术能表现出本身的特殊之处，首先它就是“不真实的”，不存在照相纪实特性，它是主观意识的产物，故事、人物等一切都要先设计出来，因此在创作上具有更大的想象和夸张的表现力。所以有人说它“只具有假定性而不具有逼真性”，也有人说它是“假定性的现实主义”。影视艺术是在守真的基础上去表现“真实的梦幻”，而动画是在夸张与幻想的基础上追求“梦幻的真实”。由于动画片是主体意识的产物，更侧重于表现主观情感，也因此更具备发挥主观想象力和创造力的条件，所以有人说动画创作是智慧的竞赛。其次，动画片在做到假定性与真实性的完美统一上与影视片具体做法上不尽相同，动画片中创造的假必须能“以假乱真”、“虽假犹真”，让观众“以假为真”、“信以为真”，从不真实中体现出本质的真实，做到“似是而非”、“既是又非”，介于“似与不似”之间。所谓“似”者，就是指艺术创作必须有真实性，要有生活的依据、情感的依据。所谓“不似”者，就是说绝不能照搬生活里的一切东西，而要去芜存菁，进行艺术上的改造与创造。影视片和动画片都有各自的特点，让动画片去表现和故事片一样的内容，显然是“强人所难”，搞起来既“劳民伤财”又费力不讨好。所以在表现方法上应“扬长避短”、“化短为长”，这种长短的转化在“短”处发挥出“长”处正是动画片的独特之处。譬如童话动画片《雪孩子》，表现了一个小白兔和雪孩子的友谊，其实这在现实生活中是不真实不存在的，可孩童之间的友谊是存在的。这个独自在家的小白兔，为了游戏，寻开心，解闷儿而堆出了一个小雪人。这很符合人们的一般心境，随之这种情境的展开，小雪人活了！并且和小白兔玩了起来，并从中建立起了友谊。故事似真似幻、亦假亦真，随后出现了小白兔睡着了、失火了、雪孩子奋不顾身的救火、救小白兔的情节。其实通过雪孩子表现的是见义勇为、自我牺牲的精神，歌颂了纯真、善良、热情、美丽的心灵。故事内容虽然是虚构的，但它又是那样的感人。这是因为它表达的思想情感、道德情操却是真实的，而且故事编织得十分自然、通情合理，让观众十分投入，这恰恰发挥出了动画片的特长。

假定性与真实性是相辅相成的，既要有现实生活又需要艺术创造。二者是既对立又统一的辩证关系，人们不能容忍有违生活真实的虚假，同时又欣赏影视的假定性。虚假可以倒观众胃口，而假定性则是达到艺术真实的重要手段，因此表现假定性不要成为"虚假"，处理艺术的夸张不应随意地夸大，如何掌握分寸是十分重要的。它们的运用要考虑多方面的因素，譬如片种、题材、剧情、作品风格样式、夸张程度等等。像戏剧中的程式化表演应用在真人的艺术表演上就会闹出笑话，可是在动画片《三个和尚》中，和尚挑水上下山走场的虚拟动作，就是从戏剧中借用过来，并运用得恰到好处。当然这还要看创作要求，要看片子风格的样式及夸张程度，如写实的正剧，就要减弱夸张度，闹剧、话报剧自然夸张度就要大一些，假定性就要强一些。为此，在具体创作处理真假关系时还要注意以下几个方面的问题：①作为动画片大部分题材是神话、传说、民间故事、笑话、寓言、童话、科学幻想等等，其表现的内容多是虚构不真实的，甚至是荒诞不经的，但所表现的实质思想却是真的、善的、美的，并且有鲜明的人文精神。②所表现的故事情节是十分离奇怪异的，但事情的发生、发展却是符合逻辑规律，细节又是特别生活自然的。③动画片中的角色及动作往往是乖谬不可信的，但其性格、行为、思想又是有根有据，符合剧情内容要求的。④剧中表现的空间环境、角色，一切造型形象是想象中非现实的存在，但背景、服装道具等又是具体可见的，甚至设计风格又是完全统一的。

三、影视动画片的商业性

影视既是艺术，也是商品，艺术性与商业性这两者的的性质同时集于一身，作为艺术的影视，必须重视审美功能及教育功能，而作为商品的影视，则不能不顾及经济效益。

纵观影视发展的历史，商业性是影视与生俱来的，最早的电影是以纯商品面目出现的，其目的只有一个，为获取经济效益。其内容也不外乎马戏、魔术进行娱乐活动，后来经过发展和艺术家们多年不断的创作实践和探索，使得电影成为艺术。虽然如此，影视由商品到艺术的飞跃，也并没有使影视摆脱其根深蒂固的商业性，相反，艺术性更丰富和加强了影视的表现力和吸引力，并获得更可观的经济效益。

影视制作是要有巨额投入作为前提的。因为影视创作是有组织的、具有一定规模、一定生产周期的群体劳动的工业化生产。其生产的技术含量与艺术含量都较高，一般说来，一部片子的投资少则几百万，多则甚至耗资数亿。影视由企业或个人的投资部门进行运作，生产出来的是艺术商品，一经制作完成，就要面向广大观众投放市场，以获取利润，否则就不能进行再生产，维持自身正常运转。这种商品交换的价值规律对影视动画生产同样是关乎存亡的严酷现实。所以影视商品又是大众艺术，具有广泛的群众基础，产品要面对最广大的观众群体，他们是观赏者，又是消费者，还是投资者，只有准确地把握住观众的思想脉搏，审美需求，拍摄出“既叫座又叫好”的影视片才能达到艺术价值与票房价值的双向成功，做到商业性与艺术性的统一。

如今,由于影视创作是一种特殊的企业化商品生产,它已发展为一种新型的经济、文化产业。中国市场经济已经确立,市场机制已经形成,影视制作面临着市场化商业大潮,在激烈的市场竞争中,就不能仅仅着眼于过去单纯的生产三程序:生产、放映和发行。人们越来越多地从单个影视作品的考察正转向文化产业链的更为宏观和整体的认识。用产业链条来描述动画产业的话,我们可以把它分为三大部分:一是动画策划、营销;二是制作播出及本体影像制品经销;三是各项授权和衍生产品的开发经营。

在影视片生产之前的策划、营销、资金的筹集、传媒宣传,人员安排等是很重要的程序,是发展影视业的一项不可忽视的策略工作,关系到后续工作的顺利展开,保证最终能获得高额回报。作为影视产业,对其生产后的“拓展升值”工作是十分重要的,也就是对“后电影产品”和“电影衍生品”开发和使用。如外景地旅游开发的利用,服装道具的拍卖,造型形象之印刷、广告宣传、小商品制作,以及电影碟 CD、VCD、DVD 的出版,连环画、图书、图片的发行等等。它们的经济效益不可小视,占总收益的比重也十分可观。

如今仅恪守生产片子和上下产业链条脱节的做法,大大脱离了现实形势。影视动画本身生产仅仅是产业链的一个基础,在这个基础中打造经典的卡通形象,意义十分重大。如迪斯尼的米老鼠,从 1928 年首次和观众见面,直到今天,米老鼠的形象仍然在为迪斯尼公司带来数百亿计的年收入,像日本的“铁臂阿童木”等无不是靠来自全球各地的票房、出版、玩具、服装等等方面获利。动画产业能够涉及如此的广阔市场领域,并能够持久带来效益,最大原因是创造了“动画明星”,而且是不会老去的明星。像“唐老鸭”如今已高龄,但仍然活在我们几代人的心里,它们丰富和深入了人们的生活，拉近了和普通人之间的距离，甚至跨越了国家、民族、地域，消除了不可逾越的隔阂，并传播着一种文化，传播着一种影响。

四、影视动画与现代科技的融合

影视艺术不同于传统艺术，突出之处首先在于它们都是以科技为前提的艺术，它们都诞生于科学家的实验室，是科学技术发明的成果，奠定影视艺术发明原理的是比利时物理学家约瑟夫·普拉托"视觉暂留"理论。根据这一原理普拉托又于 1832 年创制了"诡盘"的器械，它能将一连串不动的物体转换成运动形象的视觉玩具。从此人类正式拉开了电影发明的序幕。这以后半个多世纪里，经由法、美、英、德等国家众多科学家的共同努力，"诡盘"逐渐演进为电影放映机，"诡盘"中手工动画片也过渡为由摄影机摄制在胶片上的连续画格。1895 年 12 月 28 日法国卢米埃尔兄弟在巴黎卡普辛路的 14 号咖啡馆的地下室里，率先向社会公映了"工厂的大门"、"火车到站"等 12 部片长约一分钟的短片，这一天，后来被确认为电影诞生的日子。

今天，随着电子学、计算机、视频激光、精密仪器、精细化工、袖珍空间技术等高精尖科学技术的发展，人类取得了更加丰硕的科技成果，从而为影视艺术开辟了更为广阔的数字化、全球化和网络化的发展空间。科学技术的进步，必然对影视产业结构和发展方向产生深远影响，并对其艺术风格和表现形式上有新突破。技术影响艺术，反之影视产业之发展壮大其对经济利益的追求，促成了大量财力和人力在技术方面的投入，也促成了影视技术的成熟和发展。两者彼此作用，形成了互动关系。

影视动画创作一开始就与摄影拍摄关系紧密，从用光，拍摄技巧到摄影特技等都离不开对其技术性能的掌握。但主要制作还是停留在传统工艺生产阶段，利用人工手绘和摄影拍摄等手段制作动画产品，工艺繁杂，成本高，需求人员多，制作周期长。但传统动画就其创作灵魂——人的艺术魅力、独创表现力是长存永驻的。

20 世纪 60 年代以后，特别是我国传统动画制作已遭遇了新兴电脑动画的挑战。现在，微电子数字技术突飞猛进，建立在高端技术之上的动画产业得到了空前扩展和高速发展，在影视特技，在电子游戏，在各种多媒体及网络中，动画有了新的立足点，并由此形成了动画的另一分支——电脑动画。在构成电脑动画的基本因素中，除了包括美术和影视艺术，还包括了一种数字技术。这种技术主要依赖计算机图像生成(Computer Graphics，简称 CG)，所以也称“计算机动画”。其制作方法及原理与传统动画截然不同。传统动画技巧是 Stop Motion——动作停格，逐格拍摄，逐格变化；电脑的动画则是 Go Motion，每格动作与下一格动作之间没有停格制作、停格拍摄的必要，只需设定原画的起止点和相关的参数，电脑便自动生成中间的画。另外传统动画制作还离不开纸与笔，电脑动画制作则用鼠标、键盘、数位板、扫描仪等其制作化模式，一切操作都透过交互式的电脑界面去完成。三维(3D)动画的坐标几何、向量、曲线及软件工程设计为中心。比较起来，动画设计者今后为了掌握这种技术手段则必须进一步学习使用电脑操控，使用屏幕中的选单以及鼠标、键盘、数位板，输入资料编辑，创作出动画作品。

电脑动画包括二维(2D)与三维(3D)技术，他们依赖 CG 技术通过计算机强大的运算能力来模拟现实，这个过程需要完成建模、动作、渲染等步骤。建模就是以点、线、面的方式建立物体的造型信息，动作是在建模的基础上，通过动态捕捉、现场模拟等方式让物体按照要求运动；渲染就是给着了色、添加了纹理的物体打上虚拟的灯光进行模拟拍摄。它打破了过去制作控制的模式，让设计者和动画师们可以在设定好的造型状态下使之自由变化。新技术的运用，明显地使效果表现力与冲击力大大增强，生产工艺周期缩短，特别在资金回报率上十分可观。影视动画同样随着微电子数字技术快速的发展，也获得了空前的进步，在动画生产中，已经开始取代了许多传统繁琐制作程序，提高了工作质量与效率。从 20 世纪 60 年代至今，电脑动画也从最初的幼稚阶段迈向更高的制作工艺。

技术的应用与追求不仅直接创造了美国动画的高品质，同时也拉动了整个动画产业链条的发展和兴盛。美国在 20 世纪 90 年代以来电脑数字技术大规模的普及促进了高端数字技术在动画产业中的运用，从而放弃了平面手绘动画。若从高投入高技术高回报的市场垄断角度而言，不可否认，传统手工创作动画确有其落后与不足之处。但技术总是一种手段和工具，并不具有独立的美学价值，若仅用一种 3D 电脑技术和手段来发展动画艺术的话，这是有违艺术创作规律的，这是一种纯商品生产的做法，它必然侵蚀了动画的人文艺术品位，影响着影视创作的各种风格流派呈现出百花齐放的形势。

当然，许多新技术更加快速和迅猛地进入影视动画创作领域，冲击和影响着影视艺术的发展和未来。科学技术已经成为“我们时代的神经系统”，它将使影视艺术成为能够在四维时空“自由飞翔的观察者”(爱因斯坦语)，从宏观到微观，从单一到多元，从内容到形式，正在超越以往的运行轨道，必然带来其前所未有的变化。要适应这种变化，也必然给我们创作者提出了更高的要求，提高艺术家的科学素养也就迫不及待。一个对软件、硬件、单机等知识一窍不通的影视创作者，也就不能游刃有余地在银屏上表现高科技领域的迷人风采。所以，动画人也要不断地探索科学技术的奥秘。

参考文献：

1. 韩小磊. 电影导演艺术教程[M]. 北京：中国电影出版社，2004.
2. 王光祖、黄会林、李亦中. 电影艺术教程[M]. 北京：高等教育出版社，1992.
3. 周安华. 电影艺术理论[M]. 北京：中国广播电视出版社，2005.
4. 盘剑、范志忠、郑淑梅. 电影艺术学[M]. 杭州：浙江大学出版社，2004.
5. 宫承波，王大智. 动画概论[M]. 北京：中国广播电视出版社，2007.
6. 秦汉皋. 影视制作入门教程[M]. 北京：中国劳动社会保障出版社，2003.
7. 薛凌. 电影艺术论[M]. 北京：中国社会出版社，2007.

肖像漫画艺术创作探索研究

郭　冶

摘　要：每个漫画家的创作都有不同的感悟和艺术特色，尤其是肖像漫画更有突出的特点，因而被称为是漫画艺术中的一枝独秀。它彰显了艺术形式上的新颖和创意表现手法上的浪漫构思，在创作中奇思妙想所形成的作品既是幽默、风趣、灵活多样的艺术风格样式，又是要具备生动的形象和构思奇巧的表达方式，而且有着丰富的想象和自由创作的空间。肖像漫画神情并貌，选择真实人物为绘画素材，创作中用自身独有的浪漫特性，能够更加深入浅出地为真实人物艺术夸张、构思立意，经过概括提炼，刻画出更为突显的艺术形象。抓住主要特征，减弱或舍弃不显著的特征部位，这样才能更加自如充分地表现出精彩的人物肖像漫画作品。

关键词：肖像漫画；艺术创作；夸张变形；幽默表现

一、对肖像漫画的理解与认识

肖像漫画是捕捉人物个性本质的艺术，用夸张的手法，描绘出比真实人物形象特征更加突显的漫画像。肖像漫画不只是描绘人物的外表和夸张的大嘴、大眼睛、大鼻子，应该更进一步描绘出外表深处的内涵与表面特征相匹配的观感。肖像漫画是夸张的艺术，它是带有漫画家主观创作的能动性，每位漫画家都有自己对人物形象的认识和再创作的构想。创作思路是灵活多变的，在作品中能充分体现出自身的绘画功力，肖像漫画品质提高了，也是为其他种类的漫画创作打下了坚实的基础。肖像漫画是快乐而幽默的艺术，用夸张手法描绘出名人明星的幽默形象，通过创作赋予作品新的生命，即肖像漫画的幽默形象。用漫画本体语言描绘的形象，使人物重放光彩，同时也给观者带来无穷的幽默乐趣和艺术享受。肖像漫画是大众喜闻乐见的艺术形式，它更加贴近人们日常生活，为百姓画肖像漫画是漫画家体验生活的首选素材，为名人政客画肖像漫画也是肖像漫画家热衷的人物素材与创作主题，作品问世就能在人们情感中产生共鸣。肖像漫画是轻松、快乐、通俗的艺术，它已成为人们喜闻乐见、雅俗共赏的生活调味品，其优秀的作品令人回味无穷。

肖像漫画的艺术风格和表现形式是多样的，夸张的真实人物漫画和肖像画并非同一个概念，它们之间侧重点不同，肖像漫画是对真实人物、名人明星进行合理夸张变形，创作出的是漫画化作品，作品表现出形式新颖、内涵丰富、生动夸张的艺术形象。肖像漫画以浪漫主义思维方式去为所画的真实人物夸张传神，其作品是带有喜剧元素的一门艺术，所画人物可以移花接木，还可添加人物本身的性格特征、职业特征来赢得观者的情趣和认知，因此受到了大众的青睐。近年来这门艺术有了较快的发展，众多的报刊杂志、艺术画廊刊登了幽默风趣的肖像漫画，颇受观众喜爱，这也标志着社会的进步和人们思想的转变，在我国文化大发展、大繁荣政策号召下，这一门幽默艺术得以发扬光大。（见图 1、2）

每个漫画家的创作都有不同的感悟和艺术特色，尤其是肖像漫画更有突出的特点，因而被称为是漫画艺术中的一枝独秀。它彰显了艺术形式上的新颖和创意表现手法上的浪漫构思，在创作

图 1

图 2

中奇思妙想所形成的作品既是幽默、风趣、灵活多样的艺术风格样式，又是要具备生动的形象和构思奇巧的表达方式，而且有着丰富的想象和自由创作的空间。肖像漫画神情并貌，选择真实人物为绘画素材，创作中用自身独有的浪漫特性，能够更加深入浅出地对真实人物进行艺术夸张，经过概括提炼、构思立意，刻画出更为突显的艺术形象。抓住主要特征，减弱或舍弃不显著的特征部位，这样才能更加自如充分地表现出精彩的人物肖像漫画作品。

二、肖像漫画创作应具备的能力

优秀的肖像漫画不是靠哈哈镜和软件扭曲变形就能完成的，是漫画家创作、设计、构思、精心培育出来的。肖像漫画的创作既要夸张变形，又要形神兼备、恰到好处，创作中反复推敲，最终取得满意的效果。肖像漫画是本着夸张人的特征趣处、而不是夸张人的残缺处为原则的漫画，达到形神兼备才是夸张变形的艺术之本。

创作中对形象认识多凭感觉，既要夸张变形又要在创作时反复推敲，把自己掌握的绘画基本功运用到肖像漫画的再创作中去，力求取得满意的效果。画肖像漫画不同于写生人物，它需要绘画、素描、速写的基本能力。肖像漫画必须对人物的形体、特征、性格全面地了解认识，综合思考后进行取与舍，再进行形象夸张变形来突出人物的特征，彰显人物个性的同时添加诙谐幽默的元素，采用象征性的手法去创作，给人物本身带来鲜活的神采和浪漫的情怀，最终给观者带来艺术的享受，因此肖像漫画是人们喜闻乐见的艺术形式。

作为一名肖像漫画作者，不仅应该具备扎实的绘画基本功，还应该不断求索，创新思维，积淀修养，在原有经验的基础上发挥自己的想象力和创造力。成功的漫画家，他的作品不仅仅体现在艺术的浪漫色彩上，而且更要深层次地体现出耐人寻味的哲理、含蓄、诙谐、幽默的智慧沉淀。肖像漫画具有多种表现形式和手法，表现手法上可用线描、油画、水粉、丙烯、水墨、剪纸、素描、综合材料、数字绘画等手段和材料运用。

肖像漫画也是插画、漫画、卡通绘画的基础，掌握好这门艺术，再创作卡通漫画及故事漫画、插画、绘本漫画等漫画形式就能轻松上阵。肖像漫画妙就妙在它掌握了人和事物的本质现象与形象造型特征，在创作中加以理解、夸张、升华，突出人物本体形象特征，让人看了过目不忘、回味无穷。掌握这门艺术关键要训练好自己的绘画功力和特征的夸张能力。切记：肖像漫画没有无缘无故的夸张变形，也没有无依据的、无理解的、无原型的创作。（见图 3、4）

三、肖像漫画的艺术特色探索

肖像漫画的艺术特色：每个漫画家的创作都有不同的感悟和

图 3

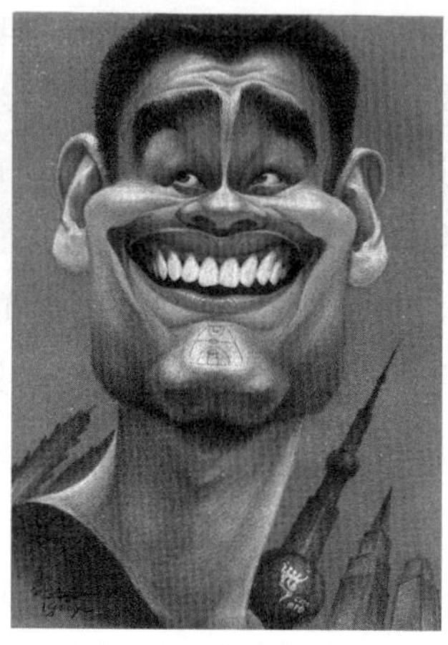

图 4

对艺术的理解，尤其是肖像漫画更有其突出的特色，因而被称为是漫画中的一枝独秀，它的突出之处是形式上的大胆、浪漫，构思上的奇思妙想，形成了幽默、风趣、灵活多样的特殊表现形式和风格样式。它不仅具备生动而夸张的形象和构思奇巧的特点，它特就特在“漫”字上，“漫就是浪漫，无拘无束、任意发挥”，因此在艺术创作中发挥其丰富的想象力和展开自由创作的探索。

(1) 神情并貌。肖像漫画用自身独有的浪漫特色能够更加生动、活泼、深入多样地为所画人物夸张传神。人是千人千面的形象，表情是多变的，因此，人的神态也随时在变化，肖像漫画要抓住千变万化的人物神情。只要能想象到的，漫画就能做得到，喜怒哀惊无一不可入画，经过合理地夸张，形象更为强烈而突出。突出其人物主要特征精华，减弱舍弃不显著特征部位。由此可见，只有肖像漫画才能更加自如充分地表现出多变的人物神采。

(2) 创意新颖。创意构思是肖像漫画创作中大有用武之地的，在情节设计上有写实的、有虚构的，即可以是夸张的，也可以是荒诞的，真中有假，假中有真，虚幻结合来展示作品的神韵。漫画正是善于用荒诞的情节来表达真情实感，给观众以视觉上的震撼，从中领会其虚构的艺术境界，用有声、有形、有情、有趣的艺术手段与读者互动产生共鸣。由于肖像漫画具有表现手法的多样性，更适用于表达人物的神情体态。使用材质上可以是多样性和多变性的，因而能把人物描绘出由外到里、生动活泼、妙趣横生的画作，这正是肖像漫画家所独有的艺术创作魅力。

(3) 形式幽默。在肖像漫画中大多数是作者喜爱仰慕崇拜的人物，在肖像漫画创作中也有自嘲，也有朋友间相互善意的互动嘲讽以示娱乐。为了创作出生动流芳百世的肖像漫画是根本目的。肖像漫画由于构思巧妙，表现技法要求越来越高，作品就产生了不同程度的幽默感知，但是怎样把多种多样的幽默手法与各界人物形象恰当地结合起来，是肖像漫画创作构思中需要认真思索的问题。幽默不能随意使用，人对幽默的理解与接受能力每个人都会有很大的差别，这门特殊的艺术形式，要从艺术效果考虑，从观赏者的习惯和国家、民族、身份、地域文化的习俗考虑。寻求被画者的接受范围，应采取不同的幽默手法来表现，创作者、被画者、观赏者三者的心理感受相和谐，才能取得好的艺术效果和被社会大众认同。如：对待艺术家、科学家、政要、娱乐明星就应该有各不相同的创作构思区别，以便于被画者的接受。

肖像漫画是以造型夸张为主的艺术，不同程度的幽默和谐趣，也是各类漫画创作共同追寻的元素。肖像漫画把各式各样的幽默元素与真实人物恰当地结合，艺术创作是自由的带有主观性的，它的艺术表现形式是对不同的人物采取不同的幽默表现，使得被画者和观者认知和理解。(见图 5、6)

(4) 快乐的艺术。漫画艺术形式是给人们赏析娱乐的，而传

图 5

图 6

递幽默文化的肖像漫画最为贴近人们心灵感应。学习肖像漫画的前提就是悟性和刻苦勤奋，要善于观察、思考、研究，永远学习是画好肖像漫画后续力量的积淀。肖像漫画是一门快乐的艺术，也是不分国界的艺术，它是快乐的世界语言，它是没有因民族、文化、地域不同而受限制的艺术，它是文化交流艺术沟通的外交大使。漫画创作者要在生活中观察、领悟，直面社会是漫画创作的优势，赋予肖像漫画创作的时代特征。各国媒体发表的作品、展览展示的名人肖像漫画作品，丰富了人们的审美情趣。创作好这门艺术，是文化进步的体现，生活需要幽默，让肖像漫画艺术幽默别人的同时带给更多人以快乐。（见图 7、8）

四、肖像漫画的应用与开发

肖像漫画多以名人明星为创作对象，经过二次创作的肖像漫画，赋予真人生动有趣、灵活多样的漫画元素，好的作品能表现出人物的精神内涵，给观者留下难以忘怀的艺术印记。近年来它的

图 7

图 8

应用范围广泛，比如；名人明星、公众人物、影星、歌星、球星、笑星等被大众喜闻乐见的崇拜偶像，生活中的人物、亲朋好友都是画家们创作描绘的对象和素材的选择。

（1）肖像漫画衍生品：书籍、报刊、杂志、邮票、火花、广告发布和发表、瓷器绘画、明星公仔、玩具、礼品牌、礼品瓷、T 恤、旅游产品、商标等设计绘制和应用。

（2）肖像漫塑、工艺制品应用。文化艺术展示展演、肖像漫画专题国际交流、展览与大赛、肖像漫画家邀请笔会、企业邀请现场漫画互动展示、促销活动、电视媒体名人栏目、娱乐传媒、互联网头像设计、媒体传播与推广应用等。

（3）自我欣赏、娱乐他人、艺术收藏、艺术品漫画专题拍卖会、收藏、时尚婚纱肖像漫画礼品定制、真人现场漫画；礼品赠送，也是社会名流文化交流赠送的最佳礼物，同时也是平民百姓所青睐的礼物。（见图 9）

肖像漫画的应用与开发；它是高雅不俗、快乐的艺术。近年来

图 9

年轻的伴侣紧跟时尚，定制婚纱肖像漫画已是潮流。生日礼物、祝寿贺礼也是在众多礼品中最为别具一格有品位的礼品。肖像漫画印制名片富有个性，使对方记忆深刻，凭添了和谐与亲和力，提高了名片的艺术品位和保存价值。

媒体与影视动画中的应用：主持人漫像、真人吉祥物、喜剧电影明星漫像、小品演员等作为动画的造型，电影电视片头片尾、广告等都展示出肖像漫画的风采，加强了娱乐的效果，给人带来快乐和愉悦。相信未来的肖像漫画领域，随着新媒体动漫时代的到来，它的艺术创作及应用范围还有极大的市场拓展和开发的空间。

参考文献

[1] 何君华. 肖像漫画初探[M]. 沈阳：辽宁美术出版社，2000.

[2] 让·奥普·德贝克. 肖像漫画艺术[M]. 上海：上海文艺出版社出版，2001.

[3] [美]鲍勃·斯塔克. 美国讽刺画大全[M]. 天津：天津人民美术出版社，2001.
[4] [英]马丁·波普. 如何创作夸张人物漫画[M]. 上海：上海美术出版社，2010.
[5] 邱云光. 漫话妙趣横生的肖像漫画[EB/OL]cornic. people. com. cn/GB/122400/130243/11344177. html，2010-04-12.

从中国故事到中国 IP

——华语网络文学的新视界和新使命

夏 烈

重新认识故事

在文学艺术历经 20 世纪的各种形式创新和探索之后，人们多多少少疲倦于繁复的花样，对所谓的形式创新和探索表现出怀疑。反之，“故事”回到了中心。

故事，是古老的也是恒常的，它是人类的基本言说方式，是人类存放情感与思想意志的神圣容器。换言之，不是哲学也不是科学——这些引领精英、刷新认知、改造世界；但故事，是属于所有人的，天下流传、童叟平权。

也许正因为此，莫言在诺贝尔文学奖授奖的金色殿堂是用《讲故事的人》(storyteller)为主题来介绍自己的：“我是一个讲故事的人。因为讲故事获得了诺贝尔文学奖。”他在演讲中回忆了母亲、家乡的说书艺人和写出了《聊斋志异》的蒲松龄，说自己的小说除了写自己的故事，剩下的就是“亲人们的故事”、“村人们的故事”、“从老人口中听到过的祖先们的故事”。强烈的土地的根性力和地域文脉在莫言的叙述中缠绕融合，涵化为一枝属于中国故事家莫言的丰茂滋长的大树，立在了中国的也是世界的精神原野上。故事，在这里并非一个于“小说”或“文学”而言低一等级、自惭形秽的概念和词，当作家坦率地、朴素地、自信地说出介入到世界一流文学之列的中国叙事与“故事”具有密切关系时，其实也在激活该词的神秘背景和力量，刺激我们思考进入 21 世纪的中国言说的方式、角度、传统及其可能性。

在论及网络文学之前，我还想就“故事”这个话题讲一讲本雅明的一篇重要的论文《讲故事的人》，其副标题是：论尼古拉·列斯科夫。这是一位 19 世纪的俄罗斯作家，熟悉人民生活、精通民间语言，除了本雅明将他作为“讲故事的人”展开了一次精彩的关于现代文明变迁、聆听与阅读转型，关键的是故事传统和小说传统的分界与区别的辨析外，陀思妥耶夫斯基、高尔基、契诃夫等都曾高度评价过这个讲故事的人的价值及其重要性。高尔基就曾说过，我和契诃夫都从列斯托夫的作品中获益良多。

回头说本雅明的这篇文章，有论者这样概括：本雅明认为，“故事不同于小说，故事没落小说兴起，听故事和读小说的心境很不一样”，“故事，给我们生活里没有、不会有的传奇，故事里的主角跟我们如此不同，所以我们不能用自己有限的经验去设想他们，所以听故事的人用惊讶、佩服、崇拜的心情看待故事的奇特人物与奇特遭遇。”“故事在什么地方结束，标准很清楚——不再传奇了，就没有故事了。换句话说，故事结束就没有‘然后’了。‘然后’？然后就回归日常平常，就没有故事，就不属于故事的范围了。小说没有真正的结尾，故事有。故事结束后，其他日常平常的，就归小说去讲了。”（杨照《故事效应》）这些特征，给今天的网络文学最合适不过。

此外，本雅明原文中的这段话也很重要：“一个故事或明或暗地蕴含某些实用的东西。这实用有时可以是一个道德教训，另一情形则是实用性咨询，再一种则以谚语或格言呈现。无论哪种情形，讲故事者是一个对读者有所指教（另一译‘有所忠告’）的人。如果‘有所指教’今天听起来显得陈腐背时，那是因为经验的可交流性每况愈下，结果是我们对己对人都无可奉告。说到底，指教与其说是对一个问题的回答，不如说是对一个刚刚铺展的故事如何继续演绎的建议。要寻求指教得先会讲故事……编织进实际生活的教诲就是智慧。”——我想，这个意思是说，口口相传、绘声绘色的故事编织着民间的生活哲理和改变现实残酷逻辑的奇妙出口，擅于讲故事的人继承了代代相传的人生经验，会很自然地在故事中呈现这些对于“实际生活的教诲”，让我们“智慧”而快乐地活下去；某些故事甚至直接作为“有所指教”的引子来出现，比如被宗教所用，佛教的“说讲”、基督教的“圣经故事”都是这个情况。

社会民主进步与文化权利的再平衡

网络文学的发展首先让我们领略的就是这样一个“故事传统”的复活。

如果说“小说家则闭门独处，小说诞生于离群索居的个人。此人已不能通过列举自身最深切的关怀来表达自己，他缺乏指教，对人亦无以教诲。写小说意味着在人生的呈现中把不可言诠和交流之事推向极致。囿于生活之繁复丰盈而又要呈现这丰盈，小说显示了生命深刻的困惑”（本雅明《讲故事的人》），那么，“讲故事的人”则处于一个开放结构当中，过去是口口相传和文人演绎相结合，那么现在则是互联网中的创作者和粉丝的实时互动，经年累月共同完成一个长篇故事。还有，故事常常是“世代累积”的，其想象体系、故事模式、道德依据都有一个大家说、大家传、大家写的累积过程，而现在网络类型小说的互相借鉴（模仿甚至粉丝纷争中的各种抄袭事件）、读者即作者、集大成等特征同样可以看作一个互联网社会的大家说、大家传、大家写的过程。

我因此认为，当下的互联网生存方式，实际上是在虚拟空间（我在别的文章中称之为“第三自然”）中发展出了“故事”复兴的条件。它让尽可能多的普通大众绕开被传统社会精英（权力者和中产阶级）统治的“小说”审美（审查）裁判，再次回到由民间大众的“故事化”阅读、创作、传播、评价为主导的精神旨趣中去。这从整体上可以看作互联网（科技）的惠民、商业市场的赢利模式以及后现代文化的包容性的结果；简化来说，也就是社会民主进步之后文化权利的一次再分配和再思考。

既然是再分配和再思考，第一是意味着各种民间大众的情感诉求和思想意识都会通过网络文学这样的载体集中浮现上来，并且会非常充分和驳杂。事实上，网络文学 17 年来的作家作品有几次比较大的更迭，上世纪末走红的网络作家和当下热闹的“网络作家富豪排行榜”上的人物，在年龄、想法、知识结构、价值观上都有所不同了，这一点从具体文本的阅读中可以一目了然。此外，男频女频的基本分野、各种类型所形成的分众化读者、不同阅读人群的知识和兴趣的“部落化”社交特点，都在告诉我们统称为“网络文学”的内部还有不小的区分和差异。这些都是我说的“充分和驳杂”的一部分。

具体举个例子来讲，比如发端于中国民间想象和传统文化的武侠、仙侠，以及在今天的网络文学中进一步被演变的玄幻、修真，大的来看有很多相近的文化资源和审美特点，都是一种中国风格的“中国故事”。但前者更多依凭的是神话、志怪、传奇、江湖绿林和儒释道的“教诲”，经过近代民国直至现当代的“港台新武侠”和

"大陆新武侠"形成了完整成熟的想象系统、故事模式和道德依据；后者，附丽了一点前者的气息、材料，但更多的是融合了国际性的ACG(动漫游)文化所带来的想象系统、故事模式和精神因子，其"情感的羁绊"和年轻一代作者面对世界的自我认知和价值定位，可能迥异于前者——侠义让位于力量，现实江湖门派让位于架空历史和异世大陆，无差别的家国之情让位于有限制的亲情和团队之情这一底线伦理——深刻反映了貌似玄奇不经的故事背后有着务实的历史经验和时代心理，换言之，是现实的嬗变教诲了网络小说的嬗变，网络小说的作者是最基层甚至最底层的民众，往往反映大多数人的当下的群体心理特征，因此，网络小说就是时代最敏感的神经。

再分配和再思考，其次意味着交流、商量、妥协与新的合作可能。正如我们过去谈"网络民主"，最后由高层发声认为"网络民主"是社会主义民主制度和民主方式的一种良性补充，然后辅之以必要的打击网络谣言和意识形态领域斗争的厘清，健康的网络民主依然发挥着积极的作用。同样，网络文学因其茁壮的生命力走上了历史舞台，如今进入到一个必要的综合治理时期，但归根结底还是要发展它作为"中国故事"、"中国想象"和我接着要述及的"中国 IP"的中流砥柱作用，让民间大众的故事及其想象、希望、智慧与整个民族伟大复兴的"中国梦"精神触及、依存互信。

就在 2015 年 9 月 11 日，中共中央政治局会议通过了《关于繁荣发展社会主义文艺的意见》，其中指出"要把创新精神贯穿创作生产全过程，高度重视和切实加强文艺理论和评论工作，大力发展网络文艺，加强文艺阵地建设，推动优秀文艺作品走出去。"这是第一次把包括网络文学在内的"网络文艺"作为一个概念，在中共中央的文件决议中正面提及。《意见》彻底呼唤着由草根萌芽、反映民间大众心理、有广泛社会影响力和多元可塑性的网络作家、作品共同参与到“把创新精神贯穿创作生产全过程”、“加强文艺阵地建设”和“推动优秀文艺作品走出去”的目标与“统一战线”上来。这是对 2013 年习近平总书记在全国宣传思想工作会议上重点提出“网络阵地”建设以及“讲好中国故事，传播好中国声音”的水到渠成的发展。

中国故事与中国 IP

文学上、政治上的诉求，对于网络文学而言必须要通过一个产业和资本运营的过程才能发挥效应，达致其时代使命。这就要求我们在讲“中国故事”的同时要完成对“中国 IP”的建设，学习学会对一个领域问题在整体中的认识水平及其实施上的手段本领，从而制定出富有整合意义的、系统性的、发展视界的文化战略。

从当前的网络文学产业链来观察，从上游的内容（故事）向下游的影视、动漫、游戏等衍生是一条最常态也最有实际操作经验的路径，其核心就是“IP”。国际通行的 IP（Intellectual Property，知识产权）概念要更大，不仅仅指从文字故事（小 IP）向下游开发的过程，而是任意一环产业链中的文创产品都可以因为粉丝效应引领其他环节的跟进，因此是个“大 IP”；甚至于“新华字典”或者“世界那么大，我想去看看”这样有历史记忆和大量认知与使用人群的品牌、口号都可能成为被故事充实、完成二度开发的 IP，这则是“泛 IP”。2013 年开始，由于中国文化产业的刚需和资本的炒作，华语网络文学的 IP 价值被高度认可乃至泡沫化溢价，至今仍然是市场上方兴未艾的热点。

泡沫终将挤出，但文化市场和文化产业的客观规律指示着我们理性看待网络文学 IP 运营和开发的价值、意义，并及时介入其健康发展的规则制定之中。在《关于繁荣发展社会主义文艺的意见》中提出的“网络文艺”，我认为正是看到了网络文学 IP 运营和开发的现状以及未来。官方的解读表明，提网络文艺，即“网络文学、网络动漫、微电影、网剧、脱口秀、段子等应该都在其列”。这个提法考虑到了当前网络文学（小 IP）大量的影视、动漫、游戏改编的影响力，也考虑到了“大 IP”和“泛 IP”的转眼即至。换言之，IP 中心时代已然到来，IP 概念已经成为中国文化产品及其产业市场的核心理念。IP，调整和重塑着写作者、接受者、产业和资本等各方面的思维与伦理。

从中国故事到中国 IP，就是一个将具体的文艺作品（故事）放到其传播和市场环境中去考察的必然延伸、必然结果，是把故事置诸社会学、经济学、传播学的系统性的“视界”，是科学发展观的一种基本运用。也因此，我们不但要向网络作家沟通和强调“理想”，也要向产业和资本沟通、强调“理想”。理想资本——注重文化产业和社会文化生态性、正能量的资本——才是中国故事最终变为“良心剧”，实现既叫好又叫座、传之世界的给力依靠。

新视界下理论评论的新使命

华语网络文学的发展当前处在一种有趣的张力效果之中。一方面，市场化大力推动了网络文学的赢利模式、产业驱动力和以 IP 为核心的网络文艺之路，但商业资本的负面效应也在催生大量的垃圾作品、拜金心态和“毁 IP”的污染化开发；另一方面，在互联网上讲好的故事、不同的故事，甚至跟为生活物质资料而写作的网络作家区分开来的作者、作品，暗暗地滋长，一批并非写作金字塔底层起家的作者开始运用网站、微博、微信发表和传播他们的小说，成为“网络文学”传统概念（以大众类型小说为主流）的变量。曾经在“弄堂网”写出了《繁花》的资深文学编辑、纯文学作家金宇澄中年触网，在网络互动性写作中体验到了新的可能性，精心构造，获得了茅盾文学奖。更多的在“豆瓣”里写作然后出版图书的作者，根本就是标标准准的青年文学精英，可以预见，这些写作问鼎传统主流的文学奖项不需要太多等待。

作为文学理论评论家的机会和任务脱颖而出。这个时机在上述两条路线上“蹲点”，探讨思索，毫无疑问是一项前沿性、建构性的工作。需要理论评论家花费宝贵的时间守候在如此一线的写作路径中，一个最重要的使命就是为华语网络文学各个维度的创获及时评价评论、创立坐标系、选择最值得称道和最富独特价值的网络经典。而在此过程中，也是一个理论评论家重新观察文学与世界关系的契机，我们可以由此破除一些因为保守的观念和习气造就的傲慢与偏见。其情形仿佛踏遍大地守候过日月星辰嬗变的人，比那些毫无经验依赖一点固定知识理解天体的决计要透彻得多。

也是在这个意义上，浙江省作家协会、浙江省网络作家协会发起了首届“华语网络文学双年奖”，承继着过往操办过“西湖·类型文学双年奖”的经验，再次邀请行家里手展开了在“中国故事”和“中国 IP”背景上的作品甄别工作。就像当年的类型文学双年奖把金奖给了刘慈欣，银奖、铜奖则是流潋紫、猫腻等 14 人，他们如今都已名满天下，并多半成功地实现了故事的 IP 改编，拥有影响力很大的影视等衍生产品——我们同样期待这届华语网络文学双年奖的判断是精准的、专业的，富有预见即未来性，扛得起整个华语网络文学打开的新视界和新使命。

全媒体时代的新摄影教育

陈士宏

2015年初，媒体人柴静的视频《穹顶之下》让各路社交媒体沸腾。发布10个小时内播放就达到5000万次，其中手机终端远超其他媒体总和。巨大的关注离不开内容吸引人，而制作团队只有十人左右。贯穿影片的是类似互联网上流行的TED演讲形式，穿插实地拍摄、采访、文字信息、数据图表、动画等等画面，几乎涵盖当下我们可知的所有可应用于屏幕的信息传播方式。制作者依据叙事需要使用不同的媒介语言，产生生动多元的视听效果，使长达105分钟的片子能够让人全情观看。从媒体行业看这件事，一是在验证互联网对于传媒行业的颠覆性影响；二是视频结构中多元媒介方式的运用，可以说是一部经典的"全媒体"实践范本。所谓全媒体，其根本动因在于新媒体的发展。由此再回溯北京奥运会开幕式上多媒体互动带给世界的惊喜，以及上海世博会各国展馆展示的种种创意视效，当代科技结合跨媒体的视觉传播形态不断刷新人类的视觉极限。用中国美院院长许江的话说："世博会是把所有的技术奇观、媒体奇观，以当代艺术的百倍规模带给大众，中国视觉文化、中国观众的视觉品位、视觉期待，必将产生一个重要的提升和改变。”[①]包豪斯运动的先驱比利时画家凡·德·威尔德曾说:“技术是产生新文化的重要因素。”如今看来这句话也是对当代媒体变革的精确概括。法兰克福学派的思想家瓦尔特·本雅明也曾说:“随着人类群体整个生活方式的改变,感知方式也在改变。人类感知的结构方式——活动媒介,不仅取决于自然条件也取决于历史条件。”[②]在这股以科技为骨,以创意设计为魂,以新媒体形态为肉的旷世盛宴中,影像这个既新亦旧的媒介成为贯穿骨肉灵魂的桥梁纽带。影像和设计的交叉带来新的可能性,也给当代的艺术教育带来全新的机遇和挑战,使高校艺术教育的多元跨界发展成为必然趋势。高校艺术教育如何应对新兴媒体带来的机遇和挑战,如何使传统专业群与影像媒体艺术相互渗透,促发新媒体艺术与传统艺术教育的双赢,实现文化与经济的潜在价值,将成为中国高校艺术教育比肩国际水准的重要标尺,也将成为中国创意文化产业未来发展的重要资源保障。

需要重新定义的“摄影”

在全球化和科技发展助推下,新的媒体技术层出不穷,且往往以空前的速度和范围波及开来。曾有“新媒体”、“多媒体”、“综合媒体”等称谓,而“全媒体”是当下较为普遍认可的概念。全媒体项目具有明确的网络化和数字化特征;受众也更加碎片化和分众化;涉及摄影(包括静态和动态影像)、文字、动画、图表等各类媒介形式。其中“影像”作为当代全媒体浪潮的核心。不同于传统意义的

---

① 潘欣信等.跨媒体.跨境域.跨时代[N].美术报,2010-09-04(1).

② [德]瓦尔特·本雅明.机械复制时代的艺术作品[M].胡不适译.杭州:浙江文艺出版社,2005.

“摄影”，当代影像以“新摄影”的概念涉及艺术、商业、新闻纪实等领域，涵盖静态、动态、装置等表现形式。丰富的影像资源，便捷的传播方式，强大的视觉表现力，结合跨界形态的新媒体形式，成为当代高校艺术教育不可或缺的重要组成。所以尽管用“影像”一词可能更准确，但从历史延续的角度人们仍习惯用“摄影”来概括称呼这个复杂的影像集合体。正如前人所说：“摄影作为一种灵活的媒介，自 19 世纪 40 年代以来（诞生时），便一直追随着每一次的市场转向以及意识影响力的变化。”①

尽管技术因素在摄影中比在其他视觉艺术中显得突出，但是图像的视觉元素如何构成精彩的影像画面，并服务于传达信息和表现思想的功能，却是包含着摄影和设计在内所有视觉艺术的共性原则。创造性的思维、严谨的设计理念与瞬间激情的影像语言之间没有本质性障碍。中国高校传统设计教育较为成熟，传统摄影教育由于起步较晚在渐进发展中，两者都是当代视觉传播体系中的重要角色。设计理念结合以摄影方式获得的影像，发挥着“读图时代”的巨大社会影响力。另外，跨专业、跨学科、跨媒体的发展趋势使相关专业间的界线趋于模糊，创新与重构传统摄影教育，即以“新摄影”的专业范畴融合“新设计”的理念，形成对传统摄影教学理论经验的突破性表达，也是在新媒体环境下对传统专业符合时代发展需要的解构与重建。

现代概念下的设计和摄影同时起源于 20 世纪初的德国包豪斯。构成主义摄影大师莫霍利・纳吉将摄影画面的结构形式与线条、影调、空间等设计元素相结合，通过摄影深化学生对设计构成

---

① [英]伊安・杰弗里. 摄影简史[M]. 晓征等译. 上海：生活・读书・新知三联书店，2002，8 页.

的理解,通过对现实事物的观察提升视觉形式的创造能力。包豪斯时代的摄影刚刚开始显现社会应用的潜力,所以在以“设计救国”为核心理念的包豪斯教学体系中,为设计教学服务的摄影没有成为重要的研究对象,这也是包豪斯时代的局限。在当代,用光学机械记录结合数字技术的摄影,已经成为当代社会多元视觉传播的核心手段,其文化积累和时代意义都今非昔比,在国民经济和社会生活中发挥着无可替代的作用。新媒体不断演化和跨媒体应用的形势,客观上要求摄影与现代设计思想形成更为积极的互动关系,在新摄影教育中导入设计思想,完成包豪斯时代遗留的历史命题。

当下摄影教育的困窘

目前国内外高校摄影教育主要以新闻纪实、商业、艺术三大方向开展,各学校基于历史原因或自身条件在三大类中有所侧重。国内专业艺术院校和综合院校中的美术院系开设的摄影专业占大多数,开设艺术和商业方向的摄影教育是其强项;新闻传播院系中的摄影专业主要开设新闻摄影教学。通常情况下,艺术院系摄影专业的学生长于视觉表现而缺乏对社会题材的深刻理解,新闻院系摄影专业学生则相反。新兴数字媒体作为当代艺术媒介在美术院校中备受推崇,但极少涉及影像新媒体的应用性教学;在设计类院系中对摄影及新媒体看待较为理性,基本作为基础教学的补充课程,重视程度不够;在传统新闻类院系教学中更是滞后;近年网络视频流媒体艺术逐渐升温,但在电影学院、美术学院以及传播学院的夹缝中,往往被边缘化。这些问题反映出高校摄影教育与当代社会需求间的错位。

当下国内高校摄影教育还存在人才培养模式滞后于社会需求

的问题。主要表现在过于强调专业属性，压缩了教学理念和教学内容空间，导致教学“同质化”现象。以及人才培养层次过于集中等问题，都会随着全球化的媒体形态变化越来越突出地显现。一方面是新摄影教育需要将全媒体理念、方法引进来支撑和补充理论基础，另一方面在全媒体应用中影像是核心媒介手段之一，两者互为依存。在新摄影与全媒体的交融中不应过于强调某一专业属性，社会期待跨专业教育模式下培育的复合型、具有全媒体应用能力的新摄影人才。

全媒体视角的“新摄影”大有可为

“新摄影”的概念是传统摄影结合当代全媒体传播环境，涵盖了影像、设计、艺术、文化传播的前沿领域。随着近年来教育资源的优化和发展，全国各地大学的办学水平和资源条件得到较大提升，有些开设摄影教育多年的院校已经在基础设施、经验积累、师资条件等方面做好准备，高瞻远瞩后的凤凰涅槃之势不可阻挡。其中的着眼点是：以当代跨界多元的媒体人才需求为目标，关注新兴媒体形态的变化，以全媒体的视角导入设计理念，结合自身资源优势走特色办学之路。培养以静态摄影、动态影像、影视动画、交互影像等专业能力为基础，继而延伸到艺术创作、商业会展、新闻纪实、影视传媒、动漫制作等领域，既面向服务地方经济，也面向参与国际竞争的多层次新型摄影人才。具体步骤如下：

1. 中国经济的发展使商业广告摄影师的社会需求越来越大，事实上已经取代新闻摄影师成为摄影专业最大的就业途径。高校中普遍开设的设计专业是极好的发展平台；进而培养学生的商业摄影技术和相关软件操作能力，打好专业基础；还要结合学校优势资源，逐步培育出商业广告摄影的办学特色。

2. 专业院系具有艺术专业全面的优势，学科间的发展状况大多相对平衡，前卫的艺术理念和综合艺术氛围，成为开展新媒体影像教育的优越条件。

3. 动态的影视摄影是静态图片摄影的自然延伸，与图片摄影相互关联、相互影响，两者在专业布局中缺一不可。作为多元复合型人才培养的重要组成部分，电影学院、传媒学院、美术学院、综合大学中的艺术院系因资源背景等条件影响，自然会形成不同的办学特色。

4. 综合大学的艺术院系依托人文社科学科群，在培养传统媒体和新型媒体摄影记者和影像编辑方面的优势明显。新闻、纪实摄影的影响力并没有随着传统纸媒的衰落而下降，而是在新媒体传播中日益发挥重要作用。这方面专业能力与艺术熏陶固然重要，但写作能力、外语水平及其他人文社会科学的综合素养也很重要。

5. 摄影结合当代媒体形态与传统艺术越来越显著的交叉，使其成为设计、动漫、影视、绘画等艺术间的纽带；新摄影在高校艺术教育中，既要保持独立的专业教学体系，也可通过这个窗口，让设计理念更好融入当代新媒体环境。

结语

“国家之间经济竞争的优势越来越少地来自丰富的自然资源和廉价的劳动力，越来越多地来自源于技术革新和知识的竞争性使用。”[①]面对全球化的新媒体浪潮，中国全媒体视角的摄影教育

① World bank 2002 年研究报告.

要把握机遇直面挑战，以全媒体的视野实现与传统专业的跨界交叉，在新摄影教育的思路中融汇现代科技与设计理念，成为当代高校艺术教育领域多元跨界发展的范本。这是中国创意文化产业发展的需要，也是提升中国高校艺术教育国际竞争力的必由之路。相信未来会如法国媒体史的作者所说："新媒体的发展远非敲响传统媒体的丧钟，而是意味着那些拥有良好品牌的传播者可以从中汲取可观的利益。"[①]

① [法]弗雷德里克·巴尔比耶等. 从狄德罗到因特网：法国媒体史[M]. 施婉丽等译. 上海：上海人民出版社，2008，330 页.

动画专业课堂教学改革现状分析及应对策略

马宁洲

摘　要：在我国高校，动画专业是一门新兴的学科，但在这些年的发展里，出现了一些滞缓。本文通过分析杭州师范大学动画专业的教学特点，根据该专业的培养目标，从动画专业的教学缺乏实践性、培养方法等方面分析了当前的教学现状，并针对特点提出教学改革的思路和举措。

关键词：高校；动画；教学改革

教学工作，无论是过去还是现在，作为高校教育机构尤其是作为刚刚起步不久的动画专业教育，一直都是实施学校教育的基本途径。本人认为实践教学应该是高校培养人才的主要目标。然而，随着着社会的不断发展，各个层面都在力主不断地推进教学改革，动画专业的发展也成为了高校中备受关注的问题。动画专业的“万精油”教育，愈发迫切地需要改变现状，专业教学需要符合市场经济发展的要求，正是因为其重要性，作为高校就如何培养动画专业的人才，适应市场对动画人才的需要，务必依据教育规律，先找到症结所在。

一、动画专业教学凸显的问题

1. 目标不明确

教育机构一部分决策者没有认识到动漫教育的特殊性，对行业规律不了解，另一部分决策者不了解行业现况，特别是人才需求现况，培养的学生不能适应行业要求。一线教学的老师缺乏参与决策，即使一心出力也只能在小范围内缓解一两个班或一两届学生的问题。这些是对动漫教育与行业发展的思考不成熟造成的。动画专业的教学应当符合市场经济发展的要求，它要求毕业生能在相关的工作岗位里体现出来，具有很强的实践性，而不仅仅是在学校里的传统学习，也可说它是一种职业应用型教育方式，考试也应该以行业要求为标准，而不是考试成绩。

2. 师资力量欠缺

动画不仅是应用型学科，更是交叉学科。既要有一定艺术的修养，又要有软件操作与动手的能力，这样对教师的要求其实是比较高的，不是仅靠“高学历就能等同高能力”。我国尚没有此类完善的艺术类师资培养体系。鉴于此，多数学校动画专业教师招收计算机或美术专业教师为基础，仓促应付教学需求，之后会带来一系列教学问题。

3. 课程设置不合理，教材混乱匮乏

学生普遍反映一门课刚学到一点兴趣，有了继续深入学习的欲望，这门课因课程设置原因结束了，新的课程又开始了，学生必须重新开始新的知识点的学习。另一种情况是一些高校开设过多的课程内容，导致学生没有课下自修的时间与精力。这些情况我们都是应当反思的。教材编写是动漫理论研究的重要方面，高校教师普遍喜欢使用自己编写或制作的教材，也有一些教师选择使用国外的经典教材，但这种情况会造成教学方式的良莠不齐。行业人员编写的教材带有较强的主观性，甚至部分教材滥竽充数。

二、教学改革模式的思路与举措

专业定位应该立足艺术学范畴下，“在艺术领域，思想和行动都应该想的更远、做的更远”。同时学校需要搭建科学向上的人才培养氛围，激发教师的教学主动性，带动学生自主、积极地去钻研相关专业知识，要告诉学生在学校学到了真正实用的知识，就不愁找不到好的工作，所谓转行大多数学生也是在专业学习上缺乏扎实能力，无法应对社会后产生结果。

1. 专业方向定位。为了适应社会的需求，根据我院的教学改革工作计划，以及生源情况，本学期我系对 13 级动画专业同学，进行分方向教学及模块式教学。针对学生的专业特长及学习兴趣，分方向教学及模块式教学能够更好的以就业为导向，对学生所学的专业学科进行实践性的整合，将知识整合并学精，“扬长避短”避免出现“杂而不精”的现象；同时，在教学和学生创作过程中，加强工作室创作课程的课时，增强学生的团队合作精神，因为动画本身的特点，本就是团队协作才能顺利制作完成，引导学生克服“个人英雄主义思想”，告诉学生动画制作的流程，学生也表示团队合作能力的好坏直接决定了动画片的质量。

2. 改革课程的设置。针对动画专业的特点进行合理科学的课程安排，在保证完成教学大纲的前提下，重点调整课程的比例，主要是理论和实践方面。并调整专业课程的针对性，使课程更具有专业方向。基础型课程应更多向与专业课程融通做努力，不可单独讲授为纯艺术课程。从实际运用来看，公司、企业需要技术性强的高素质人才，对学生的实际动手能力方面要求相对要高一些。所以技能型课程，比如三维动画教学课程必须是重点明确，学生的实践也要重点纳入教学计划中。三维动画教学如果详细分配将会是一个非常庞大的体系，我们就以现在国内运用最广泛的三维软件 Maya 为例。软件可以分为模型、渲染、材质、灯光、动画、特效等方面，而这六项里的每一项都可以作为一个单独的方向进行研究，正是因为这样我们的三维动画教学课程就可以很容易的同前期基础课程的教学结合起来。素描平面造型课程和 Maya 软件模型制作相结合，也可以把色彩基础课以及摄影课程同三维软件的灯光材质方面结合起来教学。传统美术教学方式不能满足动画专业的专业要求，动画教学课程中有一些新课程是必须加入到整个教学体系中。比如动画表演课程可以很好地培养学生对表情以及动作方面的理解能力，同时学生的沟通和表演能力也得到锻炼(动画原本也是一种表演形式)，学生在实践制作动画短片中就会发觉角色的生动与否。动画制作所塑造出的动画形象就会更具生动性。

3. 改革教学模式。动画工作室制度。为了实现理论和实践相结合的一体化教学，我们成立了动画工作室。并将学生在动画工作室的实践课程纳入动画教学体系里，分阶段与理论课以及专业基础课程结合起来教学。比如将动画素描造型课程和三维软件的模型制作相结合，也可以把色彩基础课以及摄影课程同三维软件的灯光和材质方面结合起来教学。三维动画专业相对与其他美术专业更注重实践，二维动画、定格动画方向学生在学习期间需要经过一段长时间技术操作能力的培养，动画学习过程中的制作成分非常大，那么在教学中动画的制作就会占很大的比重。动画工作室的建设就是重点解决学生的实际动手能力。建立科学合理的动画工作室需要结合我院的实际情况和动画产业对动画的实际要求来考虑，通常我国的动画公司都是以部门和小组的方式来建立的。这种模式的建立也是公司结合三维动画的实际情况（如模型部、渲染部、动画部、特效部等）。并且就三维动画来说它也分为许多方向，如影视广告动画、建筑表现动画、虚拟现实、还有游戏和电影等方面。根据以上三维动画专业的这种实际情况，工作室的创建应该是小而精的方式更加科学，也使得工作室也更为专业化（如：模型工作室、渲染工作室、动画工作室等）。小工作室的建立会使每个工作室各有特点，但在整个大的专业方向上又具有统一性。并且每个工作室之间既交流合作又同时会有竞争的压力，学生的集体荣誉感、团队精神也会被激发出来。而这种集体荣誉感、团队精神都是社会和公司现在最为强调和需要的，它甚至已经超过了公司对技术上的要求。结合三维动画的这些特性，应建立的这种小而精的工作室的模式无论是在对学生技术能力的锻炼上还是在学生综合素质的培养上都更为科学合理。

4. 基础教学必须重新审视同时重点学科应有侧重。教师应能在基础教学上加强改革，尤其是能针对学生的实践性和个性化提高，做全方位的教学改革是引导学生认真学习二维和三维的动画，应有所侧重。掌握影视运动规律、视听语言等基本理论，学习动画基本知识与应用技能，这些课程对学生未来发展将起深远作用，拓宽学生的知识面，能真正地运用各种艺术学科技能知识来解决各种各样的问题，尤其是注重实践能力。

5. 鼓励学生创作，产学研一体化。例如：鼓励学生积极申报项目，同时鼓励学生积极参加学科竞赛，获得荣誉的同学也极大增强了学生的自信心与集体荣誉感。有带头就逐渐有了气氛，良好学习气氛形成以后，学生将会自主地进行学习。

结语

在上述教学改革实施和完善的同时，我们仍然有许多的工作要做，我在前面谈到的只是教学上的一部分内容。在现阶段的动画教育上还有许多的东西需要研究，新方向的研究比如可视全息动画及手机动画等，以及动画人才结构上的培养研究。这些内容都是我们需要用更多的时间和精力来研究和发展的，我国高校的动画专业教学改革任重道远，既需要改变观念，也需要全方位的推进改革措施，更需要加强与企业的合作，这样才能更好地推进教学改革的发展。这也将决定了我国现阶段的动画教育制度能否在动画事业快速发展的同时跟上这一时代的步伐，相信随着教学改革的推进，动画专业必将走向一个新的起点。

浅析创造性思维训练在动画设计基础教学中的应用

陈孟伟

摘　要： 我国的动画设计基础课程教学大多数偏重于技法训练，而忽视了动画设计中最核心创造力的培养。创造性思维训练作为动画设计的基础课程，强调对事物探索的兴趣导向，对创意表现的启发能力，对思维维度的立体拓展。本文旨在针对目前动画设计基础教学中存在的问题，结合思维理论和教学实践，研究如何打破固有思维定式和传统思维模式，研究动画设计教学的创新思维，运用立体的多角度思维方式更新我们的教学理念，在基础课程教学中加强学生创造性思维的培养。

关键词： 创造性思维；动画设计；教学

我国的大部分高等院校中的动画设计专业都是在上世纪 90 年代前后设立的，动画专业增设如雨后春笋，数量和规模也发展迅猛；而动画专业的培养方向与教学功能产生了严重的脱节，远远不能满足目前社会高质量的需求。中国的动画设计教育大多数偏重于技法训练和软件教学，而忽视了动画设计中最核心创造力的培养，因此国内的动画设计人才虽拥有一定的软件应用基础却难有创造性的思维。这也是高校动画教学人才培养和市场需求脱轨的重要因素。

在动画设计基础课程教学中，依据教材亦步亦趋的常规教学方式，看似由浅入深、循序渐进、系统而又完整，但这种教学方式没有摆脱重技能的单一模式。我们的传统美术教学方式强调基础要务实，趋向对参照物摹写的单一式技能训练，学生一旦离开熟悉的训练模式就裹足不前，进入创作环节便是捉襟见肘。传统单一的教学方式在激发学生兴趣上是无力的，而教育的重要目的是激发学习兴趣，有了兴趣才有向上的动能，才能启发学生的思维。动画从诞生至今经历 180 多年的历程，动画的设计思维与其他相关学科进行不断地融合发展，并综合各类艺术思维的创新理念，形成自身独特的思维理论和审美意识，这对动画创作者而言更要有开阔的思路和活跃的思维。

本文旨在针对目前动画设计基础教学中存在的这些问题，结合思维理论和教学实践，研究动画设计教学的创新思维，研究如何打破固有思维定式和传统思维模式，运用立体的多角度思维方式更新我们的教学理念，在基础课程教学中加强学生创造性思维的培养。

一、思维的定式

思维定式，是指长期生活在某个环境中，按照积累的活动经验和已有的思维规律思考问题所形成的一种固定的思维方式。其思维方式与创造性思维方式相悖，缺乏思维的灵活性和求异性。思维定式具有积极性和消极性。积极性在于面临问题时，通过将新旧问题进行比较，挖掘其共性特征，找到两者的连接点，给我们带来经验和效率。消极性在于面对处理新旧问题的时候，思维的定式容易让人产生强烈的思维惯性，坚守现存已有的方法，不敢创新，进入思维围栏而难以突围，抑制了知识的创新和发散。动画设计的特性主要包括创造性、审美性、假定性和诙谐性，这些特性更强调设计者在思维方式上要突破一些固有定势和障碍，具备天马行空的思维，才能给动画内容带来无限的创意。在思维的固有定式方面主要有以下几种类型。

习惯型思维，是由先前的活动和经验而造成的一种特殊的心理准备状态或无意识状态。在环境不变的条件下，习惯使人能够应用已掌握的方法迅速解决问题。而在情境发生变化时，它则会妨碍人采用新的方法。每个人都有自己的生活和学习习惯，按照习惯性的经验去思考、行事。当然，这样可以提高做事效率，让生活变得简单有序。但是久而久之就会形成一种固定的思维模式，往往会使人习惯于从固定的角度来思考、观察事物，以固定的方式来处事。习惯性思维总会凭经验将两件事联结在一起，比如雷声和闪电，闪电过后，我们总是凭经验期待着雷声的到来。当这种联结经验不断重复时，就会形成对一件事情与另一件事情的结伴而来推论。对于艺术创新而言这是一种消极的思维惯性；它是创造性思维的枷锁，更是艺术创作的天敌。

从众型思维，即指个人受到外界人群行为的影响，而在自己的知觉、判断、认识上表现出符合于公众舆论或多数人的思维与行为方式，而实验表明只有很少的人保持了独立性，没有被从众。从众型思维的根源在于人是一种群居性的动物，只有维持群体生活，才能获得归宿感和安全感。因此，从众心理不同程度地带有盲目性。当个体受到群体的引导或施加压力，会怀疑并改变自己的判断、观点和行为，容易朝着与群体大多数人一致的方向变化。在艺术创作过程中容易导致思维的循规蹈矩，使人们缺乏独立的深思熟虑，抑制了艺术创新的敏感和勇气。

模仿型思维，是指依据已有的思维模式来模仿认识未知事物的思维方法。顾名思义就是照搬照抄，缺乏自己的创造。对一个人的成长来说，模仿型思维能够加快一个人认识外界事物的速度，有利于他们的成长。然而，这种永远在某种外力的牵引下行动，对艺术创作而言，往往充满陷阱，注定会永远沿着别人的路走。特别是我国的美术高考教育，过于重视以模仿为重要手段的技法训练。创作者会形成一种“标准形”的视觉经验，从而容易局限于某一样式的造型规律。

每个人都会存在思维定式的问题，也就是过去的经验和知识影响着当前的判断，思维会对相似的情景做出惯性的反应。所谓“一朝被蛇咬，十年怕井绳”就是个典型的例子。一个人的性别、生理、心理、家庭以及经济、政治、文化等背景因素多多少少都会影响一个人的思维方式。在当代的社会生活中，已有太多的理论定式使我们的思维变得缺乏活力，心灵钝化，处在一种机械式的思维模式中。在艺术领域里，所谓的“金科玉律”也比比皆是。这些思维定式对动画设计具有消极意义，而形成动画艺术作品个性的根本在于其差异性。因此，最根本的创造性在于打破旧的思维方式的惯性，不把惯常的道理当作理所当然，运用质疑的批判性思维思考问题，这也是我们在思维训练课程中贯穿的精神。

二、创造性思维训练在动画设计中的教学应用

动画作为一门特殊的视听语言，也是属于设计的范畴之内，是一种需要创作者通过对事物的感性认识提升为理性设计并使用多

种艺术组合手段来表达故事的过程。对于创作者而言，需要具有艺术的修养、丰富的阅历和专业技能外，更需要多种思维的创意混合。正如约翰·杜威所言："思维不是一种可以割裂开来的心理过程；在思维过程中，要观察大量的事物，从事种种暗示，它们在思维过程中互相混合，思维促成它们的混合，并能控制它们。"[1]54 "思维并不像制造香肠的绞肉机那样把各种不同的原料归总起来，制成定型的、可以出售的商品。思维是一种能力，它把特定事物所引起的特定的暗示，贯彻到底并联成一体。"[1]47

巴尔扎克曾说："思维是打开一切宝库的钥匙。"创造性思维核心在于"创意"；它是思维的闪光点，是思维可以燎原的"星星之火"。创造性思维是求异、求新的思维活动，也是能够创造新意识形态的心智活动，它是艺术创作的核心和灵魂。在艺术创作中，创造性思维综合各方面知识，对多方向、多角度的问题进行重新构建完成创造活动。概括来讲，创造性思维是"从无到有"的动态思维过程。它的特征主要表现有敏捷性、求异性、灵活性、整体性、创新性等。

创造性思维是发散思维、逆向思维、聚合思维等多种思维形式的综合协调、辩证发展。是视觉、触觉、心智、个性的有机统一。本文针对创造性思维训练在动画教学中的应用研究主要着力于思维训练的方式和思维训练的方法，从理论和教学实践两方面展开浅析。

1. 创意思维训练的方式

动画是综合性较强的艺术形式，它包含造型、故事、绘画语言以及音乐一系列从内容到形式的错综融合；单一的思维模式难以应对动画这一复杂的艺术形式，则需要各种艺术思维的介入才能满足动画创作对思维的要求。从思维方式上讲，创造性思维就是求同和求异的辩证统一。在艺术创作中，对于思维方式的换位组合特别重要，有设计就有反设计，有顺向就有逆向，有发散就有聚合，有形象就有逻辑。在训练中往往需要多种思维方式的融合与演进，以下将着重介绍几组主要的思维组合方式。

发散与聚合思维方式。发散思维是从点到面的多元思维方式，是寻求一个问题的多种解决办法的思维方式，是从不同角度、不同方向、全面扩散的思维方法，思维路径是开放性的、发散的。这种思维活动从一个点向四面八方发散出去。然后，从已知领域中提取材料、观念、知识进行重新组合，去探索未知的世界，从而找出更多的解决方法和设想。例如："你能想出一个苹果有多少作用?""石头和气球有什么联系之处?"对此类问题的散发式思考。聚合思维是从面到点的思维方法，是以思考对象为中心，从四面八方指向问题的中心，达到解决问题的目的。发散思维与聚合思维的关系可谓是"互贴互补"。在艺术创作过程中，两种思维方式不断地交替互补。每个单词或信息都成为一个中心，经过整合形成一种无穷无尽的支链形式从中心往四周发展，最后归于一个共同的中心，发散—聚合—再发散—再聚合，这一反复过程最终产生创作的结果。

形象与逻辑思维方式。形象思维是来源于环境事物的感觉经验和过去的经验积累，具有本能的不自觉秩序化和归纳的思维方式，呈现出具象、感性、非理性的特点。逻辑思维是指运用判断、推理、概念等方法来分析事物的思维方式，呈现出抽象、理性的特点。简单的说，科学偏重于逻辑思维，而艺术偏重于形象思维。艺术则兼具两者的特性，一切艺术的表达都必须物化为形象，严谨而又有逻辑推理，唯有两者结合，才能建立严谨而开放的思维体系。在艺术创作中，伴随思维发现问题，分析问题，提出解决问题的办法，艺术地解决问题。在整个过程中，以逻辑思维为主的理性思考指导着形象思维的具体运用，得出符合构想的最终形象。然而，我们也要认识到，并非任何一个简单的理性思考就能够导致好的结果，往往是相互纠缠和转换中形成一种合力。我们需要理性，但是也不能为理性所控制，因此形象思维和逻辑思维的交互运行是非常重要的。“科学思维与艺术思维的关系，可以借用中国词语中的‘情理’二字作解释，‘情’代表着感性的活动元素，而‘理’则代表着宇宙万物不变的定律。”[2]67 有情有理，才是艺术的完美思维，才是设计的通情达理之道。总而言之，虽然我们将逻辑思维和形象思维加以区分，但两者的融合性和统一性不能置于简单的对立中，艺术创作者需要将二者灵活地交互运用。[2]

顺向与逆向思维方式。顺向思维是常规的、传统的思维方法，顾名思义就是指人们按照传统的从前到后、从上到下，从左到右、从小到大、从低到高等常规的序列方向进行思考的方法。逆向思维也叫求异思维，被认为是应是理所当然的观点或事物反过来思考的一种思维方式。让思维朝对立面的方向发展，从问题的反面积极探索，创立新形象，树立新思想。通常人们习惯于沿着事物发展的正方向去思考问题，并从中寻求解决办法。其实，针对很多问题尤其是一些特殊问题，从结果往回推，反向进行思考或许会使问题简单化，甚至因此而有新的发现，这就是逆向思维和它的魅力。顺向与逆向思维同时也是相互转化的，教学中要培养学生思维能自由的从一种思路转移到另一种思路上去。动画设计课程是交叉学科性质和多元并存的，更需要思维顺向与逆向的双向平衡发展。

除了以上几种双向度思维组合外，还有单一与系统思维方式，跳跃和线性思维方式，横向与纵向思维方式等。艺术创作中的各种思维方式，实际上早已存在于多姿多彩的艺术活动中，经过人们的分类和梳理，呈现出不同向度的思维特征。在艺术创作过程中，思维的亦张亦驰之间需要灵活的转换与融合，能起到出奇制胜的艺术效果。人脑并非像电脑似的进行序列或线性思维，它的思维是发散的、多面的，由各种各样的方位组合，或称之为维度。创造性思维中的“维”的内涵则在于思考的广度和深度，即“立体思维”。我们把对问题的思考放在一个立体的感念之内，围绕问题的多层次、多途径、多维度以及跨学科地进行全方位研究，才能构成了一个能动的思维立体结构，才能符合动画多元化艺术语言的思维要求。

2. 创意思维训练的方法

在具体的教学中，思维训练课程需要秉持现场教学的特点。因为教学中存在很多不可预料的现场问题，无法通过程式化的教学方法来解决。创造性思维训练的教学总是充满生机和变化。它不是预先设计好的模板计划，而是教学现场的自然发生。正如周至禹老师所说的：“老师不再是幼儿园的阿姨，领着一群小朋友走，而是一个推动者，推着大家奔向各自不同的道路，殊途同归，到艺术的罗马去。”[3]47思维训练的方法有很多，以下是根据问题和现状梳理一些有效的方法。

首先，在生活中发现与联想的思维训练方法。在整个创作过程中，发现问题是创作的第一步。只有发现问题，才有可能提出解决问题的方法，这是创作者的思维习惯，也应当成为教育者的思维习惯。事实上，这个世界无奇不有，有诸多事物不一定有答案，更不用说是正确答案，有更多种可能等着我们去发现与探索。从生活和自然中发现趣味，通过相机或速写记录并进行创造性放大，这是一位艺术创作者必须具备的专业素质。正如老生常谈的话“艺术来源于生活”。生活是千奇百态，有千头万绪的信息，进入我们大脑的每一条信息、感觉或者记忆，包括数字、词汇、色彩、图像、节拍、音符、味道等，都可以作为一个发现源点，从这个源点可以放射出几百、几千条线索。每一条线索代表一个联想，每一个联想都有无数多的联系与连接。古人云："得之在俄顷，积之在平日。"在日常生活中保持敏锐的洞察力，处处留心身边的细节，训练自己从"无"到"有"的想象能力，继而突破"有"产生放大效应。发现的灵感不是凭空而来的，它是无穷多个信息关联组成的，并依赖于对观察对象的独特理解并展开丰富的联想。联想是从一个事物连接到另一个事物为单元的多条线索交叉的思维活动，而不是孤立的点对点的连接，否则，如同竹篮打水，不可能得到有效的结果。

在动画基础课程练习中，要求学生以生活为原型，将生活素材进行自由联想和强迫联想训练。自由联想训练主要法运用发散思维、逻辑思维等方式。一是每天花一定量时间随机设定联想本体，在完全自由的状态下，依次进行相近、相似、相关和相反的联想，并加以视觉化表达；二是寻找生活中存在趣味意味的本体，进行创意联想和创作，由此会产生很多不经意间的创意。强迫联想训练法是前苏联心理学家塔斯林茨和哥洛万斯发明的一种联想训练方法，这一训练较能考验逻辑思维能力。通过联想，把两种或多种表面上看起来风马牛不相及的事物进行强制关联，构成一种新的联系，产生新的事物，达到一加一大于二的效应。生活的丰富多彩无疑是设计师的一感官盛宴，生活中的思维训练能有效培养捕捉灵感的能力。通过发现，来搜索生活中、学习中不同寻常且有趣味的物和事，使得学生始终保持一颗好奇的心去观察生活，从生活中寻找大量的创意来源。

其次，草图构绘的思维训练方法。思维表达应当物化为视觉的样式，形成可传达、可沟通的形象词汇。鼓励学生们用草图表达想法，记录自己的思考过程。草图是图形和文本结合的方式，它的构思是眼、手、脑全程参与的连续过程，形成“全脑”协同思维。中国有句古话叫做“心灵手巧”，反过来手巧同样能够促进心“灵”。草图绘构这一过程是思维延展和变化的运动轨迹，这种文字和图像结合的笔记，能够帮助我们确立自己的思维轨迹并做深入思考。很多杰出人物都善于运用草图构绘，像达·芬奇、爱因斯坦、毕加索、达尔文等，其中达·芬奇的笔记尤为经典，他的笔记充分使用了符号、词汇、列表，分析、图像、维度、数字和视觉节奏，这一完整的思维导图使用了大脑皮层的几乎全部技巧，这是个完整的用草图构绘表达思维的例子。这些杰出天才一定是运用了比同辈人更广泛的大脑功能才取得如此辉煌的成就。[4]

在动画基础课程练习中，建议学生用草图形式记录思维过程和结构的习惯，通过“边看边想”、“边想边做”和“边做边看”形成一个思维的往复循环模式，其产生的结果才具有创意的完美性和深度。在草图技法上也要注重“用心表达”，每一个人的手绘都带有个人的气质素养在里面的，看似同样一条曲线、一个造型，但是不同的人画出来的线条的张力、感情色彩以及饱满程度是不同的。

第三，团队式教学与讨论的思维训练方法。课程采用讨论方式的团队式教学。讨论能带来了不同思维的融合与碰撞，从而打破了单一思维形成的设计思路。就如萧伯纳所言：“你有一个苹果，我有一个苹果，我们彼此交换，每人还是一个苹果；你有一种思想，我有一种思想，我们彼此交换，每人可拥有两种思想。”在课程训练中频繁穿插多内容、多视角的话题进行讨论，学生在独立思考的基础上进行集体讨论、争论、辩论，有利于创造性思维的培养。教学采用团队的讨论模式，强调宽容和理解，杜绝权威和一言堂的传统陋习，把课堂作为不同思想的集散地。团队合作带来了不同思维的融合与碰撞，也有效打破了单一思维形成的设计思路，有利于改变传统“喂养”式教学格局。

在教学实践过程中，经常采用头脑风暴法和思维导图法。头脑风暴法是利用集体的思考方式激发创意。它主要以团体的方式进行，在短暂时间内发挥最高度的创造力。应该在无拘无束的自由环境下，针对一个中心问题引导大家思考和发表观点，鼓励每个人讲出新的方案，不管这个方案听起来是多么可笑或者不切实际，其目的在于产生新观念或激发创新设想。思维导图是由托尼·博赞于 1970 年代初期所创的，它是一种用树状图像和结构再辅以符号、颜色、关联和类型来画的脑图。思维导图的制作方法是把主题摆放中间，向外以树形的方式扩张分支，近中央的分支较粗，相关的主题间用箭头符号连接。思维导图可以帮助你从线性信息里抽出基本的层次概念和分类概念。其最大特点是全脑思维代替限定的思维方式。“它不仅会帮助你记住并分析信息，而且会起一种跳板的作用，你可以借助它产生创造性思维。”[4]121 鼓励每位同学用思维导图的方法来表达自己的创意，这样他们的想象力和分析力会释放开来，才有更为多样的审美表达。[4]

第四，娱乐与游戏的思维训练方法。我们应该都有这样的一种记忆，考试紧张时，你越是集中精力去想答案，它在你的大脑中隐藏得就越深。直到你放松时，答案就不费吹灰之力冒出来了。科学家发现大脑若经常处于紧张状态，就会催生错误的化学物质，有阻碍记忆功效。许多脑力潜能开发的书籍都强调脑波在 α 波时学习最有效率。轻松幽默时，脑波很容易进入 α 波状态。所以，放松是创造信息数据的关键。在艺术创作中，群体的娱乐方式容易创造惊奇的幽默意象。动画艺术是一种趣味化、幽默化的艺术形式，与这一思维训练方法的粘合更是不谋而合。

思维训练的课程以游戏的方式启发学生内在的创造力，并促进他们之间积极的互动和交流。课程不间断地插入快题训练，通过组合非逻辑的事物，启发学生的创造潜能。比如课程中尝试一个文字游戏。首先让学生每人写一个事物，统一收上来由一位同学进行抽签其中任意两张。然后把它们串起来，就会产生幽默地创意组合："小明骑着大象快乐地去学校"、"香蕉扒了皮在跳舞"等等，然后根据无厘头的语句组合形成画面，非我们可以控制的创意和幽默由此产生。再如根据动画语言的特性组织学生进行动画表演训练，内容有动物方面的模仿，语言方面的锻炼，掺杂动画影片，并让学生试着去表演。这种相互模仿、情景再现的游戏要求学生要有意识地对肢体、对话以及感情表达等关系做动画语言的处理。练习可以帮助学生养成动作性想象的习惯，培养学生适应假定情境、组织逻辑性行动和在行动中塑造人物形象的能力。[3]

总之，创造性思维可以说是一种法无定法的境界，在艺术创作中不能用某种单一思维模式来圈定的，思维的发生因素是多维的，任何一个好的创意更是思维良性运作的结果。

三、总结

创造性思维不是一种新的思维形式，而是思维创新的一种具体应用。现代动画专业教学体系是开放交流的，多元思维的，与时俱进，不可关起门来搞教学，必须要把教学定位在创意思维能力培养方法的总结和梳理上，这为学生打下专业基础是不可或缺的。在这个如此丰硕的信息世界里，需要我们有一个灵活开放的思维，思维的开拓要求学生从相对独立和自由的角度看待事物，尤其在思维训练课程中启发其将了解事物本质的兴趣转换为动画语言的审美表达，这是创造性思维训练的起码目标。因此在动画设计基础课程中探索创造性思维是一项挑战与乐趣并存的工作，也是一条通往动画设计多元化发展的可能之路。

参考文献：

[1] 约翰·杜威. 我们怎样思维·经验与教育[M]. 北京：人民教育出版社，2005.
[2] 周至禹. 思维与设计[M]. 北京：北京大学出版社，2007.
[3] 周至禹. 艺术设计思维训练教程[M]. 重庆：重庆大学出版社，2010.
[4] 东尼·博赞，巴利·博赞. 思维导图[M]. 北京：化学工业出版社，2015.

对杭州农村生活垃圾处理问题的深层思考及对策建议

李佳瑶

一、我市农村生活垃圾现况

现阶段，在我国广大农村，生活垃圾以混合收集为主，直接将含水率较高的可腐有机垃圾与其他垃圾混合，不仅增加填埋场的安全隐患，降低垃圾焚烧热值，而且严重浪费了资源。对生活垃圾处理的认识与管理不足，以简易填埋与露天或土法焚烧为主要的处理方式，造成了严重的二次污染，减量化效果差，资源化利用率低，农村生活垃圾处理产生的环境问题日益突出。

近年来，杭州市随着经济建设的飞速发展、人口的迅速增长及外来人口的增加，农村生活垃圾的管理问题也迫在眉睫。以 2013 年为例，杭州周边余杭区为例年产生活垃圾 57 万吨，同比增长 11.76％，而垃圾处置能力却一直停滞不前。目前，杭州天子岭垃圾填埋场库容仅剩 5 年，现有的垃圾焚烧厂也一直处于“超负荷”运作状态，杭州农村实际上已经面临“垃圾围村”的困境。

(一) 杭州农村生活垃圾产量趋势(以余杭区为例)

余杭区近 5 年生活垃圾产量等相关情况。(详见图 1)

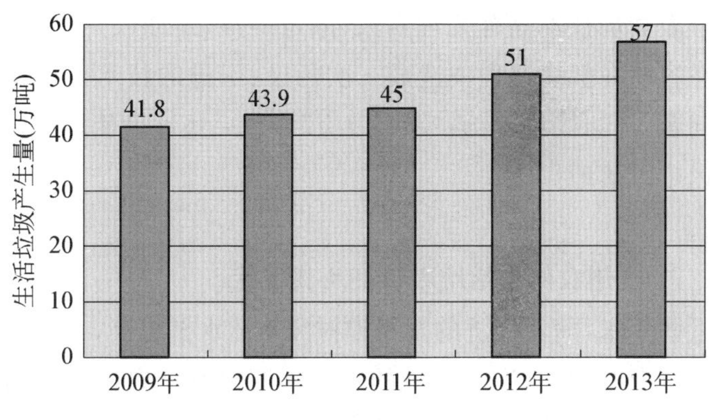

图 1　余杭区 2009 年—2013 年生活垃圾产生量

分析以上数据，可以看出，余杭区近 5 年(2009—2013 年)生活垃圾产生量呈逐年增长态势，近两年增长速度明显加快且增长率均跃升至 10%以上。

(二) 杭州农村生活垃圾处置方式(余杭区为例)

目前，杭州市农村生活垃圾处置方式为填埋和焚烧，且焚烧比例较高。以余杭区生活垃圾处置的具体情况如表 1 所示。目前天子岭填埋场一直处于“超负荷”运作。可以看到，余杭区垃圾处置填埋和焚烧比例大致稳定在 1∶2 左右。随着杭州市天子岭填埋场库容告急，“垃圾围村”危机不断加剧，垃圾焚烧的比例已无法提高。

表 1　余杭区 2011 年—2013 年生活垃圾处置具体情况

年份	天子岭填埋	仓前焚烧厂	乔司焚烧厂	总计	填埋焚烧比例
2011 年	15 万吨	22 万吨	8 万吨	45 万吨	1∶2
2012 年	15 万吨	24 万吨	12 万吨	51 万吨	5∶12
2013 年	19 万吨	38 万吨	15 万吨	57 万吨	1∶2

垃圾焚烧技术具有处理量大、减量明显、能回收热能等优势，但存在容易在焚烧过程中造成二次污染、引进的技术价格昂贵等难点问题。同时由于遭遇“邻避效应”导致一些垃圾焚烧厂建设项目迟迟难以落地。

（三）杭州农村生活垃圾特征及其现状

近些年来，随着经济的发展和村民生活水平提高，人均生活垃圾的产量有所增加，生活垃圾的总量逐渐上升。农村的生活垃圾成分发生了明显的变化，以有机物成分（厨余、果皮等）为主，易堆腐垃圾和可回收废品含量则持续增长。生活垃圾以厨余类有机垃圾为主，将近 70％，远远高于其它各类组分，如图 2 所示：

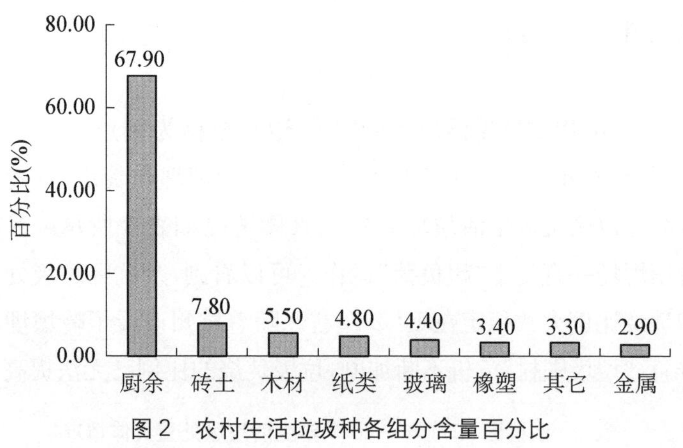

图 2　农村生活垃圾种各组分含量百分比

农村生活垃圾在焚烧处理之前，垃圾中的可回收部分已经被农户、保洁员或中转站环卫工人回收利用，但是处理仍为原始的混合收集、混合清运和混合处置方式，各环节均为混合状态，使得生活垃圾得不到分类，无法大量回收其中的可回收物，造成了巨大的资源浪费。从生活垃圾的资源化利用角度看,这种粗分类是无法实现生活垃圾资源的有效、合理、充分的利用的。

二、杭州农村生活垃圾处理问题存在的困难

目前,在一些经济发达的农村,我市政府陆续开展了环境综合整治试点工作及创建文明卫生村活动,通过政府的专项启动资金投入,建立并运行生活垃圾收集、清运和处置系统,但仍存在以下问题:

(1) 现有垃圾管理体制不适应。目前,农村各郊区县的市政行政管理部门设有综合执法机构,负责对本区县的执法工作。但在实际工作中市及区县市政行政管理部门的执法范围更多地或是完全集中在市区、卫星城和中心镇,在农村生活垃圾的执法管理方面处于一种近乎空白或无法真正有效落实执行的状态。

(2) 垃圾治理缺乏资金。由于资金问题,农村地区的保洁人员和设施配置等参差不齐。政府财政的支持力度不能同步,加大了农村生活垃圾集中规范处理的难度,尤其对财力薄弱的乡镇和行政村无疑是难上加难。

(3) 相关的法律法规不健全。我国专门针对农村这一特殊环境和区域的生活垃圾治理的相关法律法规很少甚至基本没有,给依法管理带来了困难,需要进一步建立健全农村环境卫生的法律法规体系。

(4) 缺少农村垃圾处理处置的整体规划。对垃圾的收集、运输和处理上,虽然在开展清洁乡村活动中建立了“村收集、镇运输、区中转”的管理模式,但没有形成一个在区、镇或社区或属地范围内的整体规划。

(5) 村民卫生意识不高。当前村民还未形成良好的环境保护意识,对垃圾乱堆乱放现象的后果还没有一定程度的认识,需要各级政府不断进行环境教育,加大宣传力度。

三、对农村生活垃圾对策措施的几点建议

日益增长的生活垃圾,大大超出了杭州市现有垃圾处置场所的设计处理能力,阻碍了城市的可持续发展。面对垃圾问题日渐突出的矛盾,杭州农村范围亟待全面推进生活垃圾治理体系建设,提升垃圾治理水平,实现垃圾的减量化、资源化、生态化及低成本化。

总体而言,生活垃圾应在环境、经济、社会发展情况可接受的条件下,按照避免产生、减少产生、回收利用、资源化处理、末端处置的优先顺序进行管理。农村生活垃圾的形成和处理是系统性、连续性的问题,需要从各个环节入手采用全过程的生活垃圾减量方式。为此,我们结合杭州农村的实际,借鉴周边地区的成功经验,提出以下建议:

(一) 农村生活垃圾分类减量化。对此可分为三个层次分析:第一层最直观的是生活垃圾处理量减少,能够减轻末端处置设施压力,避免"垃圾围村"的危机。第二层是通过分类减量工作,不断研究和完善垃圾分类、收运、处置等各环节的管理体系,从而提高对生活垃圾管理的水平。第三层是提升整个社会参与生活垃圾处理的责任感,形成"垃圾分类,人人有责"的社会意识。

1. 垃圾要减量,分类是第一步。垃圾分类收集是整个垃圾处理系统的起点,是决定后续垃圾处理方式的重要因素。分类收集使各组分相互分离,增加纯度,方便对垃圾进行资源化、能源化和

综合利用;一方面可以提高资源的利用率,减少垃圾的后续处理量和占地面积,降低有毒有害垃圾对环境的危害,确保人们的身体健康;另一方面可节省垃圾处理设施的投入和运行费用,同时通过销售部分可用废品还可增加农民的收入,这正好可缓解农村生活垃圾处理资金缺乏的问题。

通过对垃圾产生之后的第一个环节进行源头控制,将混乱无序的垃圾按照属性分类,实现垃圾处理全过程的资源有序输入,提高垃圾资源的纯度和价值,减少垃圾成分过于复杂造成的处置成本高、难度大的问题。

以金华农村实施“二分法”试点为例。“二分法,低成本,简单易行”。通过试点,总结农户一级分类和村保洁员二级分类相结合的做法,一家一户只要将垃圾分为可堆肥和不可堆肥垃圾两种,可腐烂的就地堆肥,用于还田增肥和制作环保酵素;不可腐烂的集中外运。“二分法”减量效果明显,使得垃圾分类工作易推广、可持续。在具体实施过程中,金华该市有 993 个村参与其中,已经正常运转的村大部分都能实现垃圾减量七成。自 2014 年 5 月,金华启动了农村生活垃圾治理 3 年行动计划,目前已有 31 个乡镇 993 个行政村参与,市、区两级财政每年安排 4000 万元专项资金。

据统计,金华市农村全面推开垃圾分类减量处理后,目前金东农村包括外来人口有 38 万人,年产生活垃圾 9 万吨左右,实施垃圾分类减量处理后,一年可减少垃圾近 6 万吨,能节省下垃圾清运、填埋等费用 1800 多万元。

2. 智能化回收,是分类后的二度减量。将生活垃圾进行分类之后,对于可回收的垃圾资源进行有效分类回收,可以减少垃圾处理量,提高资源再利用率。以前只是简单把垃圾分类,没有意识到这些废品的价值。推广和应用智能化垃圾回收系统,可以鼓励村民开展垃圾分类，正确投放可回收垃圾和有害垃圾。

以安吉县智能化垃圾回收机器为例。作为全省首个采用智能化垃圾回收系统的试点。在农村采用智能化垃圾回收系统，村民在机器的触摸屏上点击“废旧塑料回收”，然后拿出一张身份证大小的绿色磁卡放在读卡器上读一下，机器马上吐出一张名片大小的二维码，将二维码贴在打包好的垃圾上，将其投入旁边的回收箱内。在这些废品被收走的时候，会有消息发送到村民的手机上，废品得到了多少积分，就可以上村里的超市兑换商品。

安吉县在乡镇农村地区推广智能化垃圾回收平台，至此真正形成了完备的分类回收体系。厨余垃圾通过不同类型的处理设备就地处理成生物饲料或有机肥料，可回收垃圾通过智能垃圾回收平台实现自动回收，不可回收垃圾通过原垃圾清运模式集中焚烧发电。

（二）生活垃圾资源化。生活垃圾有机质含量较高（70%左右），尤其是在分类收集体系建立的情况下，能进行堆肥的生活垃圾含量会更高，可使垃圾达到无害化、减量化的目的。垃圾堆肥可用于农业生产，以增加土壤有机质含量，因此根据各农村环境现实情况，因地制宜，利用垃圾堆肥法进行垃圾分流，有效合理利用生活垃圾中的可腐有机垃圾资源，同时降低焚烧成本及减轻焚烧的污染。

1. 以桐庐县“微生物发酵资源化”为例。微生物发酵资源化处置模式出肥速度快、肥力好，适用于人口密度高、垃圾量多的农村地区，可有效减少传统无害化处置的运输成本与运行成本，制成的有机肥也可以节约农业用肥成本。

目前，桐庐全县183个行政村中，已有77个村启动了这项工作，剩余行政村的垃圾资源化处理站工程建设也已完成约90%。

分类后的垃圾,由各村保洁员统一收集处置。可堆肥垃圾统一采用微生物发酵资源化处置模式。不可堆肥垃圾则按原模式做无害化焚烧处理。

桐庐县目前已有100多个行政村实施垃圾分类及资源化利用,占比已达到了65%左右。根据既定的计划,农村垃圾分类及资源化利用将实现行政村全覆盖。按照全县农村居民约11万户共32.3万人测算,年产生生活垃圾量约48000吨垃圾。实施农村生产生活垃圾分类收集及资源化利用项目后,可实现农村生活垃圾50%的减量,年减少农村生活垃圾达24000吨,其中有机垃圾可制成有机肥约7200吨。

“桐庐样本”是在农村地区提升垃圾处置水平的新举措,既节约了运输成本,也节约了集中无害化处置成本,产生的有机肥还产生了经济效益,一举多得。

2. 以富阳区“分散式农村垃圾处理”试点为例。对于比较偏僻的山区、水源地上游、交通不便的郊区,可以利用分散式农村生活垃圾处理技术。分散式农村生活垃圾处理技术分为厌氧、好氧两个阶段。第一个阶段是将收集来的新鲜农村生活垃圾,倒进塑料桶(即反应器)进行堆存,作厌氧发酵处理。第二个阶段是对半腐熟垃圾进行曝气,将残余的有机碳尽可能地转化为腐殖质。

在较分散的小型农村,厌氧—好氧技术就地处理农村生活垃圾,实现循环利用,提高农村土地的利用效率,降低产品销售的运输成本。将垃圾变成肥料,一方面能解决农村生活垃圾产生的环境污染问题,另一方面能改善农村由于过度施用化肥导致土壤肥力下降、水体富营养化等问题。

一般每吨生活垃圾可产生腐熟垃圾300公斤左右。以1000人左右的村庄为例:如每年产生36吨垃圾,产生10.8吨有机肥,可收益 3240 元;产生 2419.2 立方米甲烷,可收益 9555.84 元。此外,收集房分拣回收的废品每年可产生 1500 元的效益。设备固定投资 6.75 万元,每年运行费用为 6740 元,净产生收益 7555.84 元,9 年可收回成本。

3. 以金华区"太阳能处理房"为例。在垃圾分类减量处理过程中,终端的建设也非常重要。金华金东区以就近、节俭的原则,采取"1+X"模式配套建设封闭式太阳能垃圾减量处理房,即以服务人数计算,500 人以下村庄,按"1+2"建设(1 代表不可腐烂垃圾房数,2 代表沤肥房数),500 至 1000 人按"1+3"建设,1000 人以上则按"1+4"建设,鼓励"多村联建"、"村企联建"、"村校联建",提高设施利用率。以 200 户、500 人口的村庄为例,可以采用"1+2"模式,各项配套设施投入大约在 10 万元左右,每年需支付分拣员(包括清运工作)工资 3 万元左右。与其他地方采用机械处理一次性少则三五十万元、多则八十多万元的投入相比,成本要低很多。

不可沤肥垃圾由乡镇转运到市填埋场、焚烧发电厂,可沤肥垃圾直接倒入各村新建的太阳能垃圾处理房,半年左右就能发酵成可直接还田的有机肥。

(三) 推广激励机制培养垃圾分类习惯。提倡全民进行垃圾处理的宣传教育,提高全民的环境及资源意识,从全社会树立起合理处理生活垃圾的习惯。建立并推广切实可行、普遍适用的激励机制,鼓励村民主动养成垃圾分类的良好习惯。一是推广编码袋投放、积分兑换、物质奖励等方式,提高村民垃圾分类参与率,提升垃圾分类投放质量。给村民发放积分卡,根据积分的数量换取日常生活用品和奖品,激发村民将垃圾自觉分类回收的积极性。二是大力发挥群众组织的作用,建立保洁员辅助分拣、志愿者投放点实地宣传指导的工作机制,招募农村垃圾分类督导员。同时,增强培训队伍，实现垃圾分类培训、指导和志愿服务活动常态化、专业化。三是加大宣传力度，发挥新闻媒体、社会公众、民间团体、志愿者、在职党员的作用，加强对垃圾分类的宣传和督导，深入农村、乡镇、家庭宣传，提高全员参与率。四是在中小学和幼儿园开展垃圾分类课程教育，从小树立分类意识，培养少年儿童的环保意识，从学校参与来加强垃圾合理化处理。宣传、教育的结果是让全民行动起来，提高全民的环保意识和公众道德素质，以自已的行为来实现垃圾处理的减量化、无害化、资源化。

（四）政企合作建立市场导入制度。市场化运作是农村垃圾治理的有力手段。借鉴国外成功经验，把农村垃圾处理作为一项产业来经营，将农村垃圾处理部分程序导入市场竞争机制，如将环境卫生的清扫权、垃圾初步处置权等向社会公开招标。放开投资市场，引导并鼓励各类社会资本参与农村垃圾处理设施的建设和运营，实现投资主体多元化、运营主体企业化、运行管理市场化。因此，建议我市成立专门负责收集、回收和处理垃圾的公司，政府则只负责管理，而企业负责垃圾处理的具体运作。

根据国外经验，私营机构承包要比政府直接提供此类服务便宜25%的费用。2012年由独立的研究组织提供的报告显示私营机构承包使街道清扫费用节约43%。实行政府引导，企业运营的模式，一方面分担了政府的压力，另一方面又是一个新的产业，可以为社会创造财富。

（五）坚持村民自治，确保源头分类实效。在农村范围内建立起源头分类追溯和奖惩机制，各村村级环保协会进行日常巡管，奖励源头分类先进村民。全面深化基层民主法治建设，推进基层社会法制化，积极探索将垃圾分类的奖罚措施纳入村规民约；同时大力创建无保洁员村，在基础较好村先行先试，实行人人都是保洁员，垃圾在临时投放点定点分类投放，走出一条政府主导公共服务促动社会自治管理的新路径。

杭州市垃圾分类问题处理，不能仅仅停留在政策的修修补补上，应充分认识垃圾分类的艰巨性，重构杭州垃圾分类系统，全方位培养村民习惯，加强分类指导，完善基础设施配置；加强队伍建设，落实经费保障，发挥市场机制作用，引导企业参与。

（一）充分认识垃圾分类的艰巨性，循序渐进

在试点未取得良好效果的情况下，不应大面积推广，今后应尽量避免类似的动不动就“搞运动”的做法。当务之急是认清垃圾分类整个流程和每个环节、每个细节中存在的问题，从纠错开始，采取“小步快跑”的方式，步步为营，渐进式推进。

（二）全方位培养的习惯，加强分类指导

垃圾分类成功与否，取决于民众的参与度。“垃圾扔出去后，其他事情我不关心”仍是现今主流意识。如何将认同度转化为参与度，这是提高杭州农村垃圾分类实际效果的根本立足点。1. 全方位培训和教育。据大数据分析，影响垃圾分类满意度最重要的因素中排在前两位的是“垃圾分类宣传”和“垃圾分类指导”。分类指导是重中之重，既可以培养农民的习惯，又能够起到良好的宣传作用。2. 最大程度的方便村民。国人的垃圾分类意识和习惯处于初级阶段，设置过于复杂的程序，采用过于高端的技术，难以为农民所接受。采用垃圾不落地或者定时投放，过于理想化不符合农民的习惯。3. 激励和约束并行。通过积分制等方法让农民在垃圾分类中有一定的获利性和积极性，但两者之间的成本和收益并不对称，必须辅之以建立良好的追溯机制。应积极引入“谁产生，谁付费”的约束机制，并将其落实到家庭。4. 坚持全程控制。农民意识和习惯培养，除了软约束，还需要硬约束。从前期的分类指导、

教育培训，到分类监测、监管，再到后续的激励和约束实现全过程控制。5.信息透明。当前民众对垃圾分类的全流程知晓率不高，以至于对焚烧和填埋的优劣程度了解都很少，同时对政府信息不透明以及政府与市民沟通不足，意见较大，职能部门在以后的工作中，要尽可能保持信息的对称性。

（三）重构垃圾分类系统，确保一致性

就目前的情况看，“源头减量-分类-直运-回收-利用-填埋-焚烧”这一流程中，重分类工作，轻其他环节，存在较为严重的不均衡性。因此不能停留在对政策做简单的修补，应做系统性重构。1.大力提高垃圾焚烧能力。垃圾焚烧是垃圾处置的必然选择，没有第二条路可以走，杭州垃圾焚烧规模应扩大到 1 万吨/天，才能真正解决垃圾围城的问题。但重新选址面临邻避效应的难题，应此建议，通过技术改造、改建、扩建现有的垃圾焚烧厂，扩大生产能力。同时，具备良好条件的天子岭填埋厂应尽早规划建设垃圾焚烧厂。2.建立垃圾焚烧能力倒逼机制。在垃圾焚烧的规模没有提升之前，没有必要过于强化垃圾分类。同时，要积极强化源头减量和回收利用。因此，建议：①通过立法，建立“生产者延伸责任制”，严格限制过度包装；②积极推进净菜进超市，加大农贸市场改造力度，控制毛菜进入市区，尽早实现净菜化；③通过财政和税收的鼓励政策，引导企业参与“农村垃圾资源化”，“可回收垃圾资源化”、“有害垃圾无害化”；④加快建设静脉产业园，解决垃圾处理“落地难”。通过上述方法，使得垃圾产生量和填埋量，并与焚烧能力相匹配。

（四）加强队伍建设，落实经费保障

基层对垃圾分类非常重视，但人手严重不足，经费投入量大。再则，政策规定的一些经费并没有落实，至今没有配置到位。因此建议，按照实际工作量核定工作人员，足额配备；政策规定的经费应落实到位。

（五）发挥市场机制作用，引导企业参与

“垃圾是被放错的资源”，垃圾分类的各个环节，只要操作得当，都可以带来良好的经济效益，对企业具有吸引力。在互联网＋的时代，纵然垃圾处理本身得利不大，也可以通过给予垃圾分类建立的信息平台和用户数据，获得各种投资。政府应该以开放的心态，以更好的政策、财政补贴、税收优惠等方法引导企业参与，特别应鼓励中小微企业参与垃圾分类减量和就地资源化利用工作，引进社会资本、先进技术、优秀管理团队参与垃圾焚烧厂等无害化处理设施建设，充分调动社会力量参与生活垃圾处理设施投资、建设与运营的积极性。至于垃圾运输这样的环节，也可以鼓励民营企业参与竞争，以市场机制确定运输价格，提高服务质量。

关于动漫专业绘画造型基础课的思考

李丰君

从2000年投身到动漫造型基础教学研究到现在已经有15年的时间，在这15年间我在北京电影学院系统地学习了电影，读完了中央美术学院造型学院油画的MFA硕士研究生，但关于动漫造型基础的教学思考一直没有中断。2011年我进入杭州师范大学国际动漫学院从事影视专业教学和基础课教学使得我又有了研究这一课题的时间和空间。2011年开始我连续承接了动画设计2011级四个班、2011级动画教育一个班、2012级两个班、2013、2014、2015级各一个班的基础课课程，从中得到了第一手的教学数据与资料。在此我把这些资料连同我的思考整理出来与同行共同分享与探讨。

摘　要：这是一篇关于动漫专业绘画造型基础课教学经验总结和思考的短文，将从概述、教学设计、教学畅想结论几个方面展开。本文在探讨绘画造型基础时会涉及到绘画、动画、漫画、影视、设计等专业的少许专业绘画造型基础课的范畴，以便于把此课题从绘画与设计专业造型基础课中在意识中区别出来。

关键词：绘画基础；动漫造型基础；动漫专业绘画造型基础

概述

在探讨问题之前让先我们把几个概念先理一下，首先是绘画基础课，在诸多专业中都把绘画作为基础课，一般情况下也就是设计专业的平面造型基础、绘画的素描速写等课程。广义上讲上讲它也包含色彩造型基础课，狭义上也就是素描。其次是专业课，在不同的专业中泛指所有的专业课程，如在绘画中按不同的画种区分，可以分为中国画、油画、版画、壁画、水彩画、中国年画等等。同样在中国画中还分为花鸟、山水、人物。按表现手法上也有工笔写意的区分；在油画领域有写实、表现、抽象大的划分专业。但和绘画相关的所有专业都会把素描作为基础的基础。我们这里所探讨的是基础中的基础和专业课衔接部分的课程。专业造型基础课有别于造型基础课，在本文中它本质上是专业绘画造型基础课，在各个专业中它的教学目标和教学任务是有所区别的。

专业造型基础课就是在学生基本掌握了造型基础之后，根据进一步专业学习的需要开设的前接基础后接专业的课程。对于和绘画相关的如绘画、雕塑、设计、动画、漫画、建筑、环艺、影视美术等专业，专业造型基础课也就是专业绘画造型基础课。强调它的绘画性质是因为其他的专业如舞蹈、表演、文学等专业都有它们自己的造型课程和训练方式，我们在这里所探讨的是和绘画造型相关的专业绘画造型的课程教学。在绘画领域探讨专业造型基础我们先要分清楚“专业绘画造型基础课”和“绘画专业造型基础课”的区别，前者是和绘画相关所有专业和满足专业学习的绘画造型基础课，后者则是绘画专业为满足学习专业课而设置造型基础课程，二者都是为满足专业学习的绘画造型基础课，但教学任务都是要服务于本专业的课程特质，具体教学内容也有所不同。

正文

动漫专业绘画造型基础课，顾名思义就是为动画漫画学生专业学习而开设的动漫绘画造型基础课。它需要在绘画基础课的部分内容的基础上，更主要的是要把动画、漫画专业与其他专业不一样的专业特点的知识和内容提炼出来作为重要课题加以训练与研究。动画和漫画是属于实用美术的范畴，动漫教育的本质就是为动漫画产业输送具有生产和创作能力的毕业生。它不同于艺术创作学生的培养，实用美术学生的培养应针对于产业的需要展开。那么动漫产业要求培养出怎样的学生呢？

2000年我在吉林艺术学院动画学院组织基础课教学，几年间我经常和动画专业的教师进行沟通探讨，这些人中有动画产业的新锐也有上海美影厂、长影动画片厂的老前辈。他们大多会对基础课教学和教学组织者表示赞赏，但我想这来自他们长期形成的为人修养，后来关系走得更近才能探讨得更为深入。在这些老专家之中给我留下深刻印象的有马克轩、常光希、段炼。几乎老专家们对于基础教学的呼声是一致的——多画速写和默写，得到这样的结论当时我很失望，后来也觉得就基础核心而言动漫专业所需要的绘画基础是这样的，随着时代的发展造型样式会不断地发生变化，但内核不变。他们没有更专业的建议源自他们从事动画前本专业都是绘画中的各个专业，而滋养他们的也正是当时的绘画教学本身，当时没有更专业的动漫教育。我此后我也跟当时年轻一代的动画公司的导演、原画和游戏公司的艺术总监进行更为广泛的接触，大多觉得高校的动漫基础教学对于动漫画的专业学习没有太大的帮助，真正支撑一个人做好专业的是他们来自绘画的造型能力和艺术修养。我的一个同学是动画导演，他从事动画之前的专业是国画，他的父亲是我前面提到的动画导演段炼，但他自己说教他动画的老师并不是他的父亲，是培训班的老师、是产业中的动画导演、是海外加工的片子。他能够事半功倍的掌握动画是源自他本科四年的绘画基础，是走进产业超强的工作量造就了他。他跟我说你就教他们绘画基础，能不能做好取决他们自己，做动画就像学习舞蹈，上万次的枯燥训练一抬手就是专业的范。

其实在 2000 年之前中国所有的动漫从业者都是从绘画、设计等其他的专业中来，对于创作也许真的是好事，这属于类内跨界，会有不一样的风格和作品诞生。但就教育本身而言不管成立诸多动画学院是对是错，教学本身它存在自身的独立性，需要有人不断地探索研究。2000 年教育部批准了 4 所动画学院成立，从事专业教学的老师开始了早期的教材搜集，这些教材大多来自美影厂老一辈专家和日本美国的专业技术书籍。15 年过去了就动漫教学研究成果而言，北京电影学院动画学院的收获是最为显著的，他们推出了动漫教育的系列教材，但遗憾的是全国没有几所动画学院采用。形成这样的局面最主要的原因还是在于教学组织者、教学参与者都是出自绘画和设计两个专业，他们觉得有绘画和设计基础就足够了，没有必要再研究出一套其他的理论来画蛇添足。

实际上不是所有的美术生都适合动漫创作，2011 年我院举办“长三角动漫论坛”期间又有位专家提出一个现象，他认识的一个在绘画领域的高材生进入到动画领域发展，结果举步维艰无法坚持下去。那么原因出自哪里？首先绘画教育有他的自由性，它需要每个创作个体有自身的独特性，而在动漫产业中这种素质很难生存，动画尤为需要规范的流程，需要从业者以统一风格高速地完

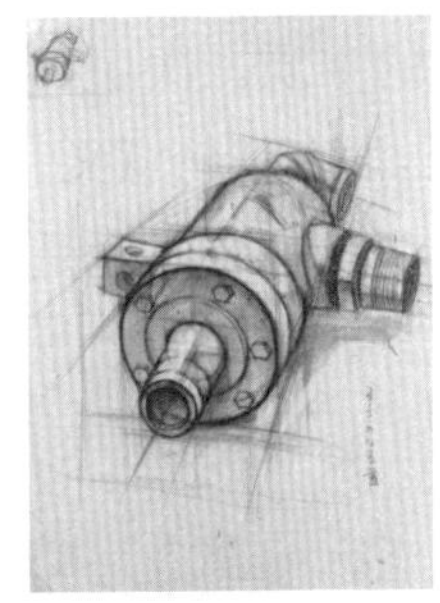

成产品，这对于一个立志成为标新立异艺术家的人来说绝对不适合。漫画创作或是游戏的角色造型设计，它需要专业想象力之外更需要美术基础中扎实的写实功力，需要很好的掌握结构、透视、解剖和一定的深入能力，这对于学习中国画和表现抽象的学生更是难上加难。动漫教育不是培养艺术家，那真的是学生日后自己的事情。教学应该满足他们从业的技能和素质要求，也要为他们搭建好基本的知识结构为他们日后进一步发展提供可能性。

教学实践：

基础教学在国内大多数学校都安排在大一的第一学期，我们也是一样，最初的前六周课程，每周 16 课时共计 96 课时。以下是我的申报课程进度表：

第一至二周是结构素描

结构素描对于刚刚走过高考培训的新生来说是最好不过课题，它有助于端正学生更为客观地观察与有目的地表现静物，我在这段训练中提出的要求是尽自己最大的能力去表现形体的结构，同时要表现角度的客观性、空间感。可以有少许简单的调子，要有节奏感当绘画作品来画。就学生的作业来看形体很结实、有空间、有秩序感，实际上结构素描创作的时间长度不短于全因素素描。为什么要先画结构素描再画全因素，主要的原因在于高考培训班的教育是应试能力的培养，忽略了绘画规律的本质。次序颠倒过来会把前两周的时间浪费在高考能力再现上，没有任何意义。

结构素描是设计绘画造型的基础，对于动漫画专业更是重中

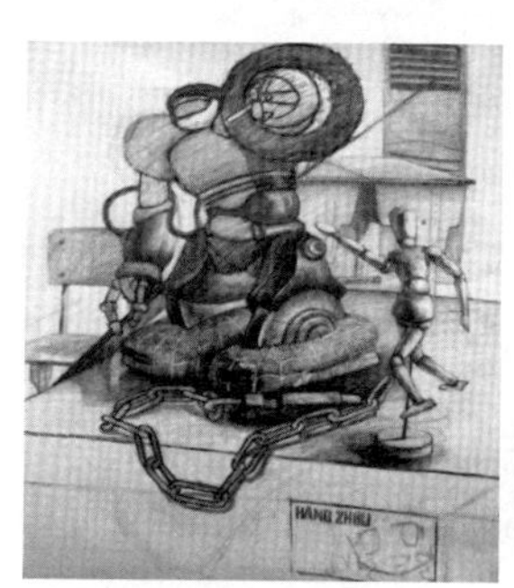
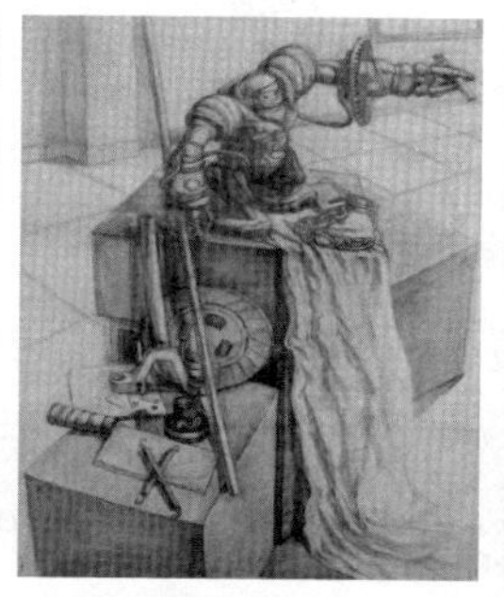

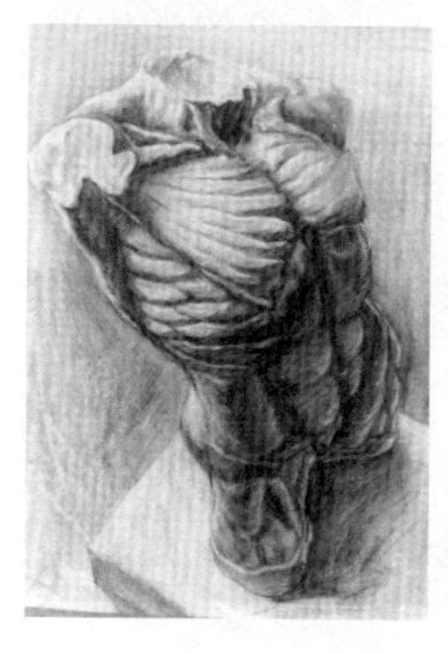
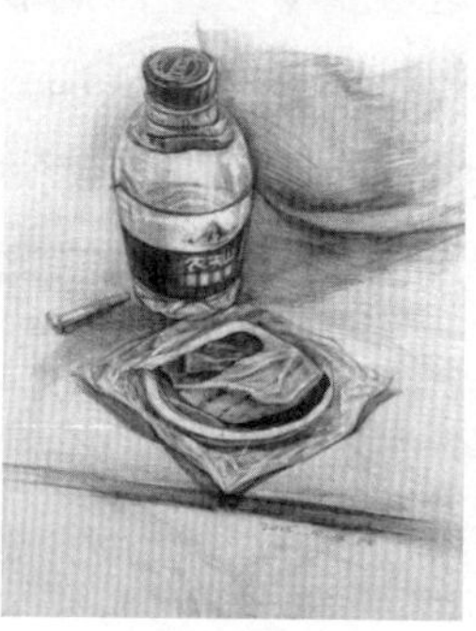
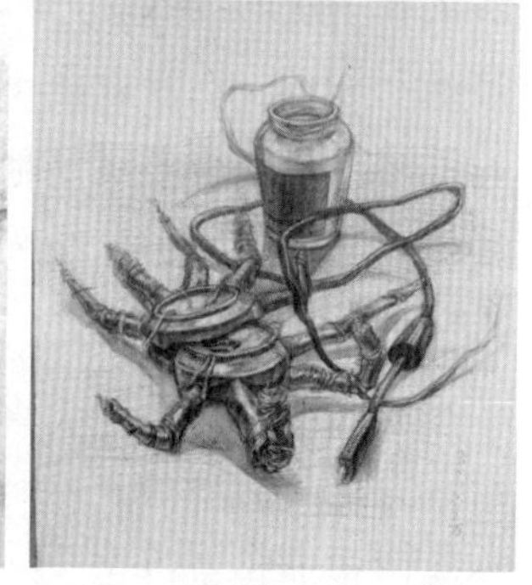

之重，因为学生考前素描都是以“面”造型，结构素描主要是用线的穿插虚实和节奏表现形体，对于日后以线造型的动漫专业的学生来说结构素描更是必修的基础课题。

第三周是全因素素描

经过两周的训练，学生基本掌握了结构和形体，而不是单纯地抄光抄色了。这个时候再把高考集训的面造型技术应用到结构与空间的观察画面，我们就可以看到成效。画面在空间之中很实在地塑造了形体，画面具有光感而没单纯的抄光，质感也比高考的照片感得到了节制和突出。这个阶段要把结构素描时的空间、透视、结构、节奏的要求给学生明确地提出来。

第四周是空间训练

空间问题我在结构素描阶段就强调了，不要轻视空间这两个字，有很多人画了半辈子还没有解决这个问题。它不仅仅是透视，当然有了透视会造出空间，但近大远小只是一个成像的一个表象，重要的是感受空间，然后再理性分析，在绘画中无透视的画面照样可以造出空间层次，而且比严格透视的画面更生动。中国画的五远法就不是按透视经营画面，但更适合表达东方人的心理与情境。这个过程中我强调透视而不拘泥于透视，或者也可以说是加重了透视，因为动漫专业的创作离不开分镜头语言，所以我强调了 4 点透视。

4 点透视就是在 3 点透视的基础上表现广角感的视觉效果，在常规的透视教材中并没有这个理论的阐述，其实不难，就是同时能看到上下左右 4 个灭点。除此之外我又强调了在近距离观察时要体会眼睛到相同和不同形体上点的距离比例，这种观察有心理感受就好，不让学生有笔量。

第五至六周是速写默写

我实际的操作要比计划的复杂些，前三周是结构素描和全因素素描，但每天要抽出来一个小时来画速写，结构素描随堂上交作业量是全因素素描的三倍。人物速写分为静态速写、动势速写、多角度快写(仰视、俯视、环绕)、连续运动快写和情景再现速写，在结构素描训练的同时偶尔加入点花卉写生要求表现空间中形体和形体中的空间；第四周是空间训练是建筑内景速写、建筑外景速写。之前四周每天都有课下作业，内容有动漫画手稿临摹，更多的是把白天写生的速写再用结构木人摆出动作再画一遍，这样做目的在于让学生认识人体结构。我正式上课前都要找到这个班的班长，安排班级集体采购的材料，除常规的画材外还有一样是每个班级每个学生必备的——结构木人。学生高考训练中是经过速写训练的，但高考速写有它致命的局限性——忽略形体重视衣褶，重视五

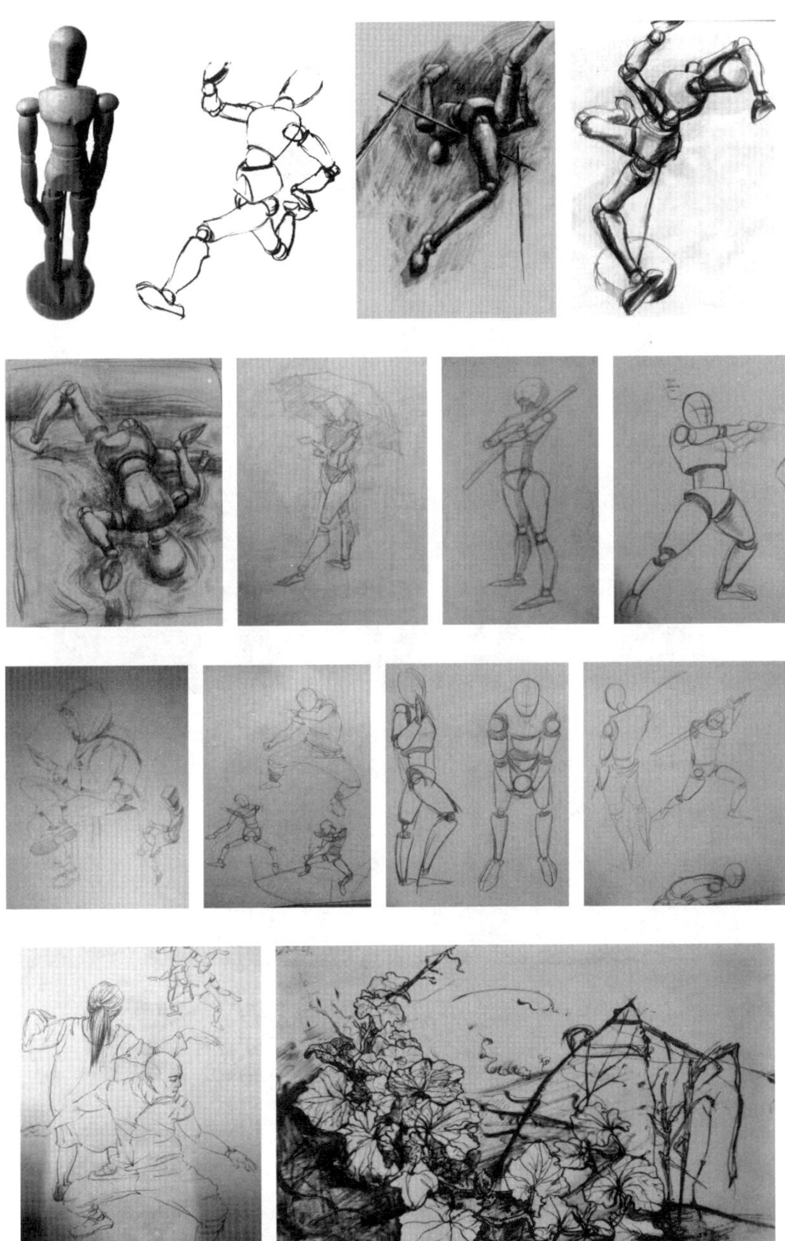

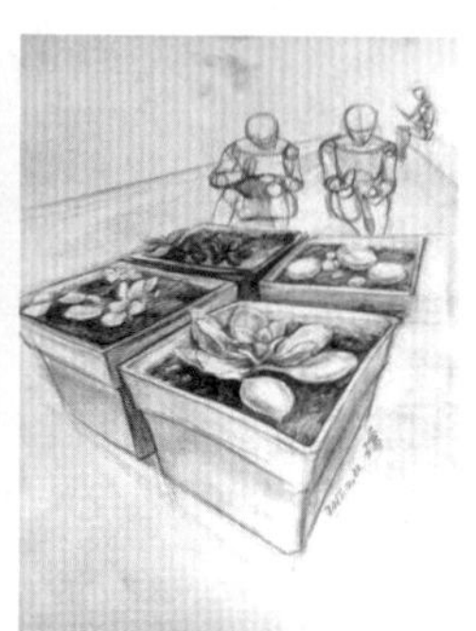

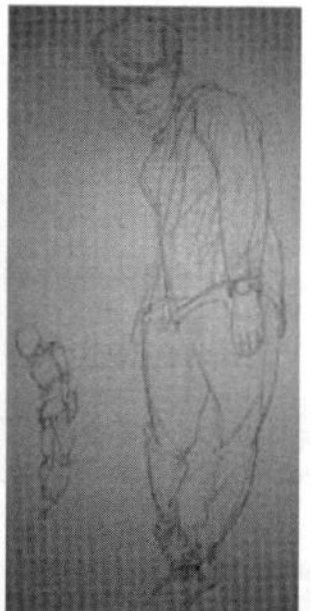

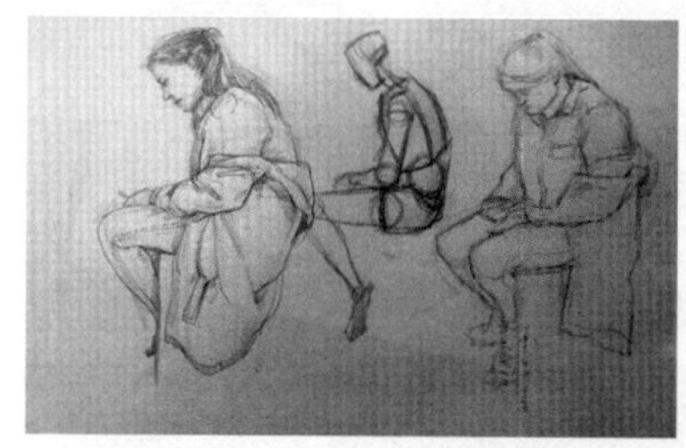

官、手脚、鞋帽的表现，这个习惯很难突破，于是我把主要解决方案放在了课下，木人都没有这些，就只剩下了形体与结构，对学生掌握形体有很大的帮助。在常规练习之外我会安排学生画一些花卉，基本上都是只买清晰的有结构型体的植物，目的很简单，是把空间形体的训练渗入到学生的生活中去，也可以锻炼他们的观察与思考能力。在系列的速写训练中我把摆模特看得比较重，我是把表演融入教学当中，这样做首先会引起学生的兴趣，枯燥的姿势会让人厌烦。最主要的是动画、漫画将来的创作都属于电影语言，都有分镜头的特质，表演不出来就根本画不出来。这样每个同学做模特也就都需要体会生活、体会动作，很难的动作我也经常先做出来要表演的学生模仿，也像做游戏一样，前一个做过的给下一个设计动作，几个回合下来提升了仇恨值，也就提升了难度系数，收到的效果显著。为了严格地控制时间，我让下一个人为前一个人计时，时间会准一些，太长时间的描绘在短期速写当中是没有意义的。我首先在课下作业当中布置了了解临摹骨骼小人（火柴人），这样做下来收到的效果用句流行的网络语言形容就是“既好玩又好用”。静态速写我会安排得很少，时间是 9—20 分钟三个角度，要求模特根据特定情境摆出造型。更多的是动态速写，这时要先画骨骼小人（火柴人），时间会更短，画不完的先画出骨骼人，再根据骨骼动势同角度画出结构木人，在画出同角度模特特征速写，这样默写练习也同时进行了。在素描和速写之间我会安排三次外景写生，主要是空间训练，第一次是教学楼内，第二次是校园，第三次是古建筑。如果再有课时就安排荒野集市写生，几次外景写生需要窜换开时间，当作枯燥素描练习的一种调剂。我也会画出一个多维空间的一个画面，要学生往里面填人物，骨骼小人，结构木人，卡通人物，要求是在不同透视下完成，这个训练会帮助学生理解空间。第五至六周完全是速写训练，把以前训练过的再重新来一遍，但效果更好，学生画得更快更生动。

结语

动漫画绘画造型基础课本质上是美术基础，但由于专业的特殊性尤其是为时六周的课时不长，教学的设计者和实施者有责任让绘画基础和专业课得到很好的连接，有义务把美术普及教育很好过渡到专业学习的阶段。我们只要把绘画中有利于动漫画专业学生日后专业学习的知识有序的提炼出来，就可以完成这一使命。在绘画与各专业之间有很多门可行，但它需要有担当有良知的教师开启。

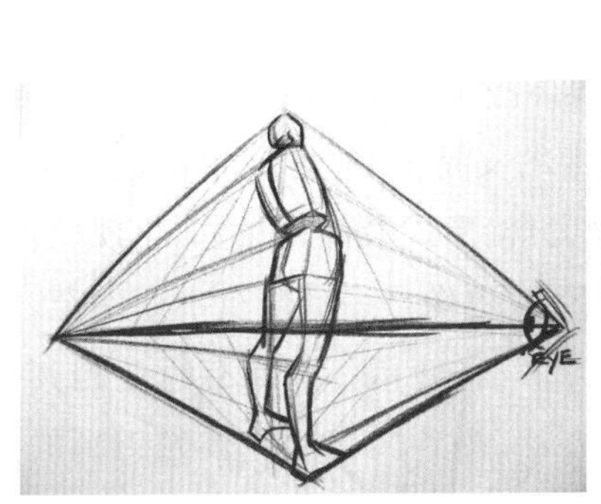

以史为鉴
——观照懵懂期的当今动漫

李保传

随着创意文化产的兴起和新媒体技术的发展，动漫，作为新兴的文化产业的“首选”在互联网技术的支持下，成为这个世纪初期“内容最炫目、场面最热闹、参与最大众、形式最普及”的文化现象。尤其在以“内容为王”的消费体制下，它更像是一辆快车不期而至，同时又颠覆式地驶入生活中的方方面面，使得一些原有行业因其变身成为了传统行业。在有的地方，一提到文化产业首先想到的则是动漫产业，偏颇地认为动漫产业就是文化产业，似乎那些传统行业只有和“动漫”跨界，才是适应这个时代的捷径和出路。在这里，且不论事实与否，但有一点可以相信，那就是在这个时期的每个人多少都会与动漫扯上点关系。或生产，或消费，置身其中，惊叹之余，我们禁不住会说：这是一个动漫时代！

以史为鉴，可以知得失。中国动漫的发展至今已逾百年的历史。在这个历程中，由于生产技术条件的更新和社会时代的变迁这双重作用下，先后经历了漫画时期和动画、漫画并行两个时期，其中，漫画时期在概念上是比较明确的，同时在学术上也被认可的一个时期。动画技术在我国出现以后，动画和漫画在各自的领域各有发展又有所交叉，直到 2000 年前后，动画和漫画才得以被人们“捆绑”起来重新认识,因此也才有了我们今天所看到的“动漫”概念。

过去的已经成为历史,但是历史并不意味着“过去”,回顾“过去”,我们又会惊奇地发现所谓“现代”正在以另一种方式在重复着“过去”。也就是说,今天的动漫所面临的以及所经历着的种种,在历史上都曾经历过,重新看待这段文化上的轮回,在今古之间做一个比较,对指导今天的动漫发展或许有所借鉴,或许这就是读史的意义。

1. 先从概念说起

动漫,是一个笼统的概念,问世至今也不过是近十余年的时间。一般而言,从概念上被简单地理解为“动画”和“漫画”的缩略组合,然而,从词源发生学角度来看,这个解释似乎不够严谨,有些随意,学界也曾在多个场合就这个概念进行了学术上的辩解和主张,最终似乎还是默认了这个可以意会却难以言全的概念。

事实上今天的“动漫”从产业分布上主要分成三块,分别为动画(Anime)、漫画(Comic)、游戏(Game),简称 ACG。在传统的行业发展时期,这三方面的产业领域相对比较独立,比如漫画归结为出版行业,动画集中在影视行业,游戏主要集中在电子行业,故此,才有了早期的漫画书、动画片和电子游戏的不同称谓,书、片、电子的称谓在另一方面也暴露了早期的行业区分的特点。

从名称(称谓)的时间发展来看,在我国,漫画作为一门艺术的形式出现在 1900 年前后,而动画则出现在 1920 年代,这两种艺术形式发展至今将近百年历史。在历史的长河中,任何一种艺术形式的出现,都深受同时期的技术条件的制约和影响,动漫也是如此。随着计算机技术的渗透、应用和网络互联技术的信息传播,打破了原有行业的生产模式和运营渠道,静态的漫画、动态的动画和交互的游戏在信息技术的驱动下如同失散多年的好兄弟终于聚首，“动漫”也就自然而然地成为这个家族的行业番号被广而告之了。在这里需要声明的是，如果说漫画、动画都是借用外来词汇的话，那么“动漫”无疑是本土的原创了，且不论这个词语是否严谨，好在这么多年大家对这个词语有了一个比较笼统而统一的认识，心知肚明，不究也罢。

2. 从“这是一个漫画时代”到“这是一个动漫时代”

漫画在我国的出现早于动画，这其中有技术方面的关系，同时也与社会的时代背景有所关联。

漫画这个名称在没有通用之前，基本以“谐画、寓意画、讽画”统称，（大约到 20 世纪 20 年代后期，从日本输入“漫画”这个名称，才概括了这类具有特殊性能的画种，并一直延续使用到今天。）也就是说，此类画作是隐喻的，带有某种特殊的暗示意义。它的兴起主要以当时资产阶级民主革命、人民大众反帝爱国斗争为社会背景；以印刷技术革新为技术手段；以报纸刊物、画报的风行为传播媒介，在众多艺术家的爱国热情感召下挥写出来的一种艺术样式。

从 1920 年代末至 30 年代中期，漫画作为独立的艺术形式蓬勃发展，达到一个前所未有的高峰期，并涌现出了一批成熟的漫画家、几十家专业的漫画出版机构和漫画刊物，重要的是还塑造了像三毛、牛鼻子、王先生、小陈、小黑炭、阿斗、老夫子、蜜蜂小姐、陆小姐、笑面猴、何老大、胖太太等等一大批影响深远的卡通明星，这些本土的卡通明星在国内市场、文化领域方面的活跃程度超出了我们今天的想象，尤其在数量上超过了当时的西方卡通。抗战爆发以后，这些卡通明星又和漫画家们一起与侵略者展开了一场殊死的漫画战，以叶浅予、张乐平、特伟等组成的“漫画宣传队”辗转武汉、重庆、贵阳、香港等地，成为了这个时期最重要的漫画宣传力量。

抗战胜利后，原在重庆等地的漫画家陆续回到了上海，上海再次成为全国漫画活动的中心。1940年代后期，漫画作者中的一部分转移到了香港，香港代替上海成为又一个漫画中心。先后到达香港的漫画家参加了香港进步文艺团体“人间画会”组成漫画研究部，运用漫画对当时的国际、国内的形势进行现实的揭露和批判，并编辑出版了一期《这是一个漫画时代》。的确，在那个漫画时代，漫画家们所生活的那个社会可用漫画表达的题材实在是太多太多了，漫画家们的责任心迫使他们不能放下漫画这一武器，正如他们通过刊物所表示的那样：“这是一个漫画时代，漫画家们正在拼命用漫画来驱走这个时代，而迎接另一个情愿找不到题材画不出漫画的时代！”

50年后，漫画尽管没有了那段时期特有的“火药味”，但漫画的社会功能没有改变，反而多了一些可供表达的新鲜题材，在技术层面上糅合了更为丰富的表达方式，漫画家、漫画杂志、卡通明星等更是层出不穷，可以说当初的那个“漫画时代”在几经周折后又迎来了今天的“动漫时代”。对比起来，就今天的动漫发展场面而言，其活跃程度和社会影响力平行于张光宇、叶浅予、特伟等所处的漫画时代，只不过一个是“战斗的”一个是“产业的”。这种区别，是由于发展的社会背景决定着的，由此，可以毫不夸张的说：这是一个动漫时代！

3. 莫让动漫明星成为历史人物

悉数今天的动画明星及其卡通形象能够深入人心者屈指可数。每每论及这个现象，在吐槽之余往往是对老动画的怀旧，并如数家珍般说出一连串的动画片名或孙悟空、葫芦娃、黑猫警长、阿凡提等动画明星。除此之外，早在上世纪30年代中期，漫画作为独立的艺术形式蓬勃发展到前所未有的高峰期，除了涌现出一批成熟的漫画家之外还塑造了三毛、牛鼻子、王先生、小陈、小黑炭、阿斗、老夫子、蜜蜂小姐、陆小姐、笑面猴、何老大、胖太太等等一大批影响深远的漫画明星，这些本土的卡通明星在国货市场、文化领域的活跃程度大大超出了今天的想象，并且在数量上远远超过了当时的西方卡通人物。早期的漫画人物的出现除了揭露批判当时的社会现象之外还有一个重要的任务，即抗衡洋卡通的文化侵袭和产业掠夺，可以说，这段时期属于漫画人物与西方卡通人物之间的对抗与交流的一段时期。

建国以后，中国动画迎来专门的发展阶段。从1950到1980年近30年的时间里，中国动画一直处在“制品(制作作品)”的时代，还没有“明星”意识。直到80年代随着日本动画和美国动画大面积地充斥中国家庭的荧屏开始，中国动画才真正有意识地塑造本土动画明星。这个时期，漫画明星基本没落(早期的一些漫画人物甚至淡出了人们的记忆)，动画明星开始崛起，像葫芦兄弟、黑猫警长、阿凡提、舒克和贝塔等等都是在这段时期“出生”的。然而，就在这些卡通明星与前期的孙悟空、哪吒、神笔马良等联起手来想要共同对抗美系、日系动漫的时候，国内动画产业却遭受到了严酷的市场冲击，葫芦兄弟、阿凡提等像是昙花一现，再无后续作品问世，憾成绝唱。《黑猫警长》的再次上映让我们看到了些许希望，但在不毁童年的宣传声中却也让我们找不到童年的记忆。有趣的是，这些“早逝”的动画明星像代言人一样成代言了中国动画的全部记忆，徒留在精神上对抗着外来卡通，在思想上引导着今天的动漫创作。

梳理动漫形象的历史成因，或许能引起业界人士的集体反思。

从1930年代的漫画明星到1980年代的动画明星这两个时期中可以看出这样一个共同点：他们的出现都是为了与洋卡通抗衡。需要指出的是，他们所抗衡的洋卡通中有的居然是同一个群体，如米老鼠、唐老鸭等。今天的米老鼠已经87岁了，汤姆和吉瑞75岁，小丸子50岁，最近上映的多啦A梦也44岁了，它们至今还在影响我们的少年儿童。

莫让动漫明星成为历史人物，创造动漫明星的“常青树”成为当前动漫创作者面临的一个重要思考，也是动漫产业所面临的时代课题。从早期卡通形象的成因来看，特殊的社会背景是其催生的原动力，同时又有其不可忽视的局限性，在此不再展开而论。但老一辈创作者赋予动漫人物的“时代精神”却是今天的每一个创作者需要认真学习、消化并领会的，从而在经验和教训中告别中国动漫明星“各领风骚仅几年”尴尬局面。

4.“童话”时代与“低幼”现象

不可否认，中国动画的产业发展之路是在摸索中前行的。在这个进程中，动漫产业所经历的每一步都有其经历的理由。以近十年来为例，但凡对动漫产业有所关注的人士都会有这样的一个认识，那就是在不同时期或隔一阶段都会有不同的专家对动漫产业提出一些建设性意见，其中一条就是关于动画低幼化的问题。于是乎，“低幼思维”一夜之间成为了阻碍中国动画发展的桎梏所在，致使众多专家奋起疾言，呼吁动漫走“全家欢”的道路，如此以往，中国动画似乎又在一夜间看到了光明，惟“全家欢”看齐。

动画“全家欢”是动漫业界近期出现的一个话题，这，当然也是中国动画发展的一个方向，但不是唯一的方向。诚然，如果动漫创作者真的这样认为，那也只能说是创作者的思维“低幼化”罢了。

关于动画“低幼”的话题并非只发生在今天，早在新中国动画发展的初步阶段也曾面对过同样的困扰。建国前期，特伟在受命组建美术片组时就接受到夏衍同志做过的“美术片要面向儿童”的明确指示。1949 年 8 月经文化部同意，正式颁布了这个美术电影制片方针。“美术片创作方针”成为当时完善美术片质量的重要依据，这个“方针”也被当做“创作大法”固定下来，开启了中国动画的“童话时代”。由于这些作品的创作初衷是面向小孩子的，因此，美术片也有儿童片的称谓。从 1950 年到 1955 年生产的十余部作品来看，即使我们没有具体看过这些作品，仅从片名中的“小”字也能看到这个“低幼”的时代痕迹，如《谢谢小花猫》、《小铁柱》、《小猫钓鱼》、《小小英雄》、《小梅的梦》、《粗心的小胖》等等。

1950 年代中期，老一辈的动画艺术家们在创作过程中也意识到了“低幼”这个问题，认为美术片只能为儿童服务的说法不尽妥善，因为成人也喜欢，也可以为成人服务，而且这个意见为大多数人支持，后来在这个口号上又加上了“主要”二字，从此中国动画给成人留下了一席之地。遗憾的是，早期的动画电影人刚刚意识到“合家欢”的发展方向时，却无情地被频繁的社会运动所左右，直到 1980 年代前后才被真正地提出并倡导，只不过被称作“老少咸宜”罢了。

洞察历史，早期的“低幼”指的是服务对象，是专门为儿童群体拍摄的作品，甚至包括后面的“老少咸宜”，都指的是服务对象。从“低幼”到“老少咸宜”，不是说肯定了谁，或否定了谁，而是服务对象的拓展。同理，今天的“低幼”和“合家欢”，同样指的是动漫作品的消费对象，不能说从“低幼”到“合家欢”就是动漫作品的层级进步，持这个观点，肯定是思维上的“低幼”。事实上，“低幼”产品是动漫产品的一支重要的消费份额，尤其在动漫行业，还没有谁敢于忽视这一庞大的消费群体。笔者放言，如果有谁能占据“低幼”的大部分市场份额，能把“低幼”产品做到极致，那也是一件很了不起的事业。动漫产业需要的是精耕细作，跟风式的、复制式的发展一定不是长久之计。

5. 关于模仿

想要接受或学习新生事物，模仿或许是最直接而有效的途经。动画先驱万氏兄弟为探索动画制作的奥秘，曾模仿弗雷舍尔兄弟的动画《从墨水瓶里跳出来》创作了《大闹画室》。无独有偶，与万氏兄弟同时代的西方动画大师迪斯尼也是从模仿弗雷舍尔兄弟的作品开始的。建国后，新中国的动画也是从模仿和借鉴前苏联的动画作品开始这项事业的。

模仿，对于任何初学者而言都是可以理解和接受的学习方法，关键是如何学、学什么、学习的目的是什么？1956年，一部动画片《乌鸦为什么是黑的》在国际上获奖，在国内却引发了“评委误认为是前苏联的作品”的纷争，这件趣事在前几年还被纷纷扬扬地讨论着，至今也没有尘埃落地。这件事情发生在60年前中国动画发展的初步阶段，60年后同样在新世纪动漫发展的初步阶段再次被提及，在形势上有着冥冥中的轮回意味，在深层次上，这个话题折射出的是中国动漫在风格上普遍存在的仿日、仿西方的现象思考。

举一个简单的例子，当西方的一些根据漫画改编的电影如《蜘蛛侠》、《蝙蝠侠》、《钢铁侠》等影片输入到国内院线以后，国内的动漫业也短期内刮起了一股“侠”风，各种各样的“侠”纷纷登场。这种商业模式上的跟进本来无可厚非，但我们在参照的同时也应有所思考。侠，本身是一种成人文化，在中国的武侠小说、武侠电影中演绎出来的古今大侠比比皆是，耳熟能详。西方电影中的那些英雄人物与我们传统文化中的侠客在情感上同出一辙，这些影片翻译到中国大陆市场时，以“××侠”为名则显得更为贴切而真实，对于成年人来说这是一种文化上的亲近。然而在动漫领域，如果不加思考，生硬地向儿童（甚至幼儿）灌输“侠”的概念，本身就是对儿童童年的一种干预，甚至是破坏。有“侠”就一定有争斗，有对立，有冲突，就不可避免地产生暴力。强硬地把“侠”的成人观念夹杂在本该是童真、童趣的儿童世界中，非但剥夺了童趣，反而给孩子从小灌输了争强斗狠的想法，现实中有儿童模仿动画片剧情去伤害其他小朋友又能怪谁呢？而最后买单的还是我们自己。

当然，本文不是说“某某侠”的动画不好，这样的案例也绝非今天才有。君记否 1941 年我国第一部动画长片《铁扇公主》就是为了与迪斯尼动画片《白雪公主》同台竞芳才诞生的，两个“公主”最终平分秋色，载入史册。此外，日本动画家手冢治虫创作的“铁臂阿童木”同样也是在孙悟空的灵感启发下创造出来的。由此可见，动画片的模仿又回到如何学、学什么、学习的目的是什么的话题上来。

模仿，是为了突破，更是创新的开始。笔者在策办“《大闹天宫》文献巡展”期间，曾有记者问及“如何创造并实现出具有新时代特色的‘中国学派’”的问题，事实上这个问题不止被一次问到，每次我的回答是：关于这个问题早在 60 年前就已经有了非常具体可行的答案，在以特伟为首的老一辈艺术家们曾经经历了与我们今天同样的境遇，他们在模仿过程中掌握了动画创作的基本技能后，敢于突破，提出了“不模仿别人，不重复自己”的创作主张，走上了一条“探民族风格之路”。最终在国际上赢得了“中国学派”的美誉。

以史为鉴，比较今天的动漫发展形势与 1950 年代的中后期相似，今天的动漫创作经过十余年的探索，在懵懂中找到了一条清晰可辨的道路，我们的动漫人多数已经走在了这一道路上。毫无疑问，重振“中国动画学派”成为思考过后的中国动漫的“冲钻”目标。为了早日实现这个目标，“中国风”的概念近期又在动漫领域刮起，在此，真心希望这不是一场“阵风”，掠过即逝，这是需要动漫领域的学术界、产业界共同正视的问题。

6. 理论研究滞后

在动漫领域，理论研究滞后早而有之。即使是创造过巅峰动画之作的老一辈动画艺术家们也不得不承认这一事实。尤其是面对IP（知识产权）时代的到来，产业界似乎才刚刚明白文化产业真实含义，即使是近期被大家广为传颂的“互联网＋”、“动漫＋”等概念，那也只是文化产业的一种方式而已。振兴动漫文化产业，自然不能忽视文化的核心价值，否则就不是动漫文化产业。

前面曾简单提到懵懂期的中国动画的说法，之所以说是“懵懂”，意思是说在这个时期内中国动画摸着石头过河，深深浅浅地走过了一条不平坦的道路，归纳起来主要有技术（技不如人）论（2002年）、缺钱论（2004年）、产业链营销论（2008年）、编剧（不会讲故事）论（2010年）、动画分级论（2012年）、合家欢论（2014年）、动漫＋论（2015年）等等，回过头来，不难发现几乎每两年就会有一个新的主张，如果重新审视这十余年来走过的足迹，可以说这些问题至今依然存在。

5月15日，深圳华强文化科技集团股份有限公司高级副总裁、深圳华强数字动漫有限公司董事长丁亮在文化产业新业态（深圳）峰会——数字内容产业发展交流对接会上这样说到：“我们经常会听到这样的说法，说中国动漫的技术并不比国际差，只是没有讲好故事。这句话是一个谎言！”丁亮对中国经济网文化产业频道记者表示，中国动漫不仅在讲故事上与日本、美国等发达国家有差距，技术也是十分落后的。丁亮提出，动漫产业包括资本、市场和作品三个要素,其中最重要的是作品。一部好的作品除了讲好故事外,技术也很重要。但是,现实情况是,"所有中国动漫企业使用的开发软件全部来自国外,而我们只是工具的使用者。"不但如此,丁亮直言,中国动漫产业的发展不仅缺乏技术,更缺乏拥抱新技术的精神。言下之意,丁亮献身的一席话几乎囊括了近十年来中国动漫发展的每一步脚印,好在这些脚印终于从懵懂中走了出来,当然也付出了巨大的代价。

今天,"动漫+"的说法被提了出来,那就需要认真考虑"加什么"的问题。笔者认为,动漫作为文化产业的主导,首先是"动漫+文化"的问题,这也是我们一直呼吁的"中国学派"的问题,同时也是动漫作品在精神上赋予生命力的问题。如此,这就是产业界和学术界共通合作的需求所在。

曾几何时,产业界认为专家都是空谈理论,因此对理论研究不予看重,自己又疏于动漫产业的理论分析和梳理。同样,理论研究者认为产业者不懂文化,最终导致作品没有文化内涵。在动漫产业链上,这两个原本就应该互助互惠的群体反而是独立存在着。就目前而言,造成这一现象的原因是多方面的,简而言之,是强势的产业政策压制着弱势的理论研究群体。举一个简单的例子,比如政府在动漫产业扶持政策上过多的是对动漫企业和动漫作品的产量方面进行扶持,而在理论研究方面几乎是忽略的。试想一位研究者辛辛苦苦写一篇文章或蛰居多年撰写一本著作所付出的精力不亚于一部动画片的工作量,如果动画片可以以分钟数计算的话,那一部著作的扶持力度又该如何计算呢?事实上,一部著作写出来后面对的却是高昂的出版费问题,能不能出版还是未知数呢!

除此之外,动漫业界经过十余年的发展,所设名目繁多,各种评比此起彼伏,但在理论研究方面的奖评几乎微乎其微,即使有也是附带而已，偶有“新锐榜”这样的评比实际上对理论研究者也是拒之门外的。可以说，当今的动漫理论研究已经不是滞后的问题，而是被大大忽略了。文化产业“唯产业论”正大行其道。

鉴于“动漫＋”的说法，我们不妨可以换一种角度思考，到底是选择“动漫＋文化”还是选择“文化＋动漫”更为有发展前途呢？文化和动漫，换个角度，相辅相成，或许会创造出另一番天地。籍于此，动漫产业者和理论研究者或许会重新审视彼此，在动漫产业链上捆绑起来，共同发展，才能迎合“大动漫”时代的到来，奠定“大数据”时代的主题地位。

这是一个动漫时代，是我们所处的时代，也是我们亲手创造的一个时代。综观历史，回顾中国动画的发展之路，我们可以清晰地看到中国动漫所经历的困惑和困难都在一点点地克服和突破，在经历了一番懵懂的创业阶段，才有了现在清晰的发展轮廓和创业空间，当然这个时代也赋予了所有动漫人新的使命和创造手段，只有联起手来才能共同创造出一个属于动漫的时代空间。

互联网思维渗透下的产品创新设计思维研究

叶米兰

摘　要：处在互联网时代的洪流中，传统产品设计受到了来自互联网产品的挑战。传统产品设计需要创新，并在根本上与互联网接轨，融入更多的互联网思维。在（移动）互联网＋、大数据、云计算等科技不断发展的背景下，对市场、用户、产品、设计思维、设计方法进行重新审视，使传统产品设计快速适应这个互联网时代的规则和特性，并有效地做出调整。

关键词：互联网思维；创新思维；产品创新设计；大数据；物联网

引言

第一次工业革命所开创的“蒸汽时代”（1760—1840），标志着农耕文明向工业文明的过渡，是人类发展史上的一个伟大奇迹；第二次工业革命进入了“电气时代”（1840—1950），使得电力、钢铁、铁路、化工、汽车等重工业兴起，石油成为新能源，并促使交通的迅速发展，世界各国的交流更为频繁，并逐渐形成一个全球化的国际政治、经济体系；两次世界大战之后开始的第三次工业革命，更是开创了“信息时代”(1950—),全球信息和资源交流变得更为迅速,大多数国家和地区都被卷入到全球化进程之中,世界政治经济格局进一步确立,人类文明的发达程度也达到空前的高度。第三次信息革命方兴未艾,还在全球扩散和传播。尤其互联网技术的发展,让这个时代发生颠覆性的变化,互联网不断向各个行业扩散渗透。

如今,互联网就像阳光、空气和水一样,已经渗透到各个行业中,渗透到社会生活的方方面面。互联网正在成为现代社会真正的基础设施之一,就像电力和道路一样。互联网不仅仅是可以用来提高效率的工具,它是构建未来生产方式和生活方式的基础设施,更重要的是,互联网思维应该成为我们一切商业思维的起点。

“互联网+”是互联网思维的进一步实践成果。“互联网+”是创新 2.0 下的互联网发展的新业态,是知识社会创新 2.0 推动下的互联网形态演进及其催生的经济社会发展新形态。“互联网+”就是“互联网+各个传统行业”,但这并不是简单的两者相加,而是利用信息通信技术以及互联网平台,让互联网与传统行业进行深度融合,创造新的发展生态。几十年来,“互联网+”已经改造、影响了多个行业,如电子商务、互联网金融(ITFIN)、在线旅游、传媒、交通等行业。

一、互联网时代

1) 互联网时代的发展历程

从跨入互联网时代开始,互联网的发展大致经历了三个历程:一、Web1.0,门户时代。典型特点是信息展示,基本上是一个单向的互动。代表产品有新浪、搜狐、网易等门户网站。二、Web2.0,搜索/社交时代。典型特点是 UGC(用户生产内容),实现了人与人之间双向的互动。方兴东创造了博客中国，开启了用户生成内容的时代，典型产品如新浪微博、人人网等。三、Web3.0，大互联时代。典型特点是多对多交互，不仅包括人与人，还包括人机交互以及多个终端的交互。由智能手机为代表的移动互联网开端，在真正的物联网时代将盛行。真正的3.0时代一定是基于物联网、大数据和云计算的智能生活时代，实现了“每个个体、时刻联网、各取所需、实时互动”的状态，也是一个“以人为本”的互联网思维指引下的新商业文明时代。

在互联网时代，很多观念都被重塑，仅从对商业文化而言，互联网改变了交易场所，通过电子商务网站等虚拟场所进行商品线上交易。因为交易场所的改变，没有了商家打烊的限制，交易时间上也具有更大的弹性，可以实现24小时不间断的网络交易，同时互联网丰富了交易品类，交易空间不仅有畅销产品、大众产品，也存在滞销产品、小众产品，这也就是长尾理论所说的内容。并且，互联网加快了交易的速度，人们通过手机、电脑等职能终端，根据商业历史交易信息和评价选择商品，加快了交易的速度。互联网减少了中间环节，现在去中介化、去渠道化，点对点、端到端，直通直达即内去隔热墙、外去中间商，产品从研发、制造到营销、营运各个区段时间大大缩短。

在互联网时代，一切都变快了，用百度公司李彦宏的话来说就是“互联网变化太快了，打个盹就落后了”。过去企业是被竞争对手打败，现在企业是被时代淘汰，你的竞争对手不是同行而是时代。曾经入帝国般庞大辉煌的摩托罗拉和诺基亚，在手机互联网时代到来的时候，纷纷被淘汰了。

互联网影响的领域也在不断扩大，传统企业在这几年纷纷进行转型，尝试着进行互联网的融合，在产品创新的路上不断进行尝试。互联网不仅给商业、工业、金融等行业带来了巨大的影响，在医疗、娱乐产业、高校机构也带来了深刻的影响。而这些都是在互联网时代，互联网思维对传统经济、社会活动带来的冲击和影响。

2）互联网思维的定义

对于互联网思维，在学术界还没有明确的定义，但已经有多位互联网企业家们提出了对互联网思维的定义和概括。比较有代表性的如，联想集团执行委员会主席柳传志认为："换一种角度，从结果的角度来解读，互联网思维与传统产业的对接，会改变传统的商业模式。从结果看，大致会产生这么几个效应：长尾效应、免费效应、迭代效应和社交效应。互联网思维开放、互动的特性，将改变制造业的整个产业链。因此，用好互联网思维，制造业链条上的研发、生产、物流、市场、销售、售后服务等环节，都要顺势而变。"雕爷牛腩创始人雕爷提出了互联网思维三大定义：一、依托互联网做传播，找到目标客群，也让目标用户群体认识你，进行参与、互动；二、以用户为核心进行产品开发，根据找到的目标客群做精准型"窄众产品"；三、微小改进、快速迭代、以互联网手段收集反馈，迅速改进产品，进行再传播。随着功能、服务、及产品线的完善与扩充，逐步扩大目标人群。中欧国际工商学院创业学李善友教授将互联网思维概括为三点，他认为真正的互联网思维就是要把用户当成互联网的中心，中间商将越来越少，这将让商业模式和销售渠道产生变化。互联网思维之一，中间成本为零，利润递延。互联网思维之二，功能成为必需，情感成为强需。互联网思维模式之三，个人异端化，组织社群化。腾讯公司的 CEO 马化腾曾在 2013 年腾讯公司 15 周年的"WE 大会上"发表了对未来互联网的 7 个反思，即"连接一切、互联网＋传统行业＝创新、开放式协作、消费者参与决策、数据成为资源、顺应潮流的勇气、连接一切的风险”。

从业界大佬们的这些言论并不只是去解释和定义互联网思维，更是道出了互联网思维的特点。综合这些思考，我们可以认为互联网思维，就是在（移动）互联网＋、大数据、云计算等科技不断发展的背景下，对市场、用户、产品、企业价值链乃至对整个商业生态进行重新审视的思考方式。互联网时代的思考方式，不局限在互联网产品、互联网企业。

二、互联网时代中的用户和用户研究

比起传统产品设计，互联网产品设计更加注重“以用户为中心”，并且深入体现在每一个开发步骤里。

1）重新定义你的用户

传统企业强调“客户（顾客）是上帝”，这是一种二维经济关系，即商家只为付费的人提供服务，消费者购买产品获得产品的功能和服务，传统企业所强调的用户一般就是产品的付费使用者。然而，在互联网经济中，大量的产品与服务都是免费，只要使用你的产品或服务，那个人就被称为用户。互联网时代需要建立更多的用户关系，有产品的直接使用者，也有产品的潜在消费者。

2）用户创造内容，表达和参与

从互联网 2.0 时代开始，就开启了用户生成内容的时代，用户不再是信息、内容的接收者，也是信息、内容的传播者和产生者。

相对于传统产品的前期用户研究，调研者有更多的途径去接触各方面用户的声音，利用社交网络，挖掘用户的需求。在设计开发阶段，用户也可以作为设计者参与到其中。例如这几年风靡的众筹就是一个典型的让用户参与到设计和决策中，提前试探用户对于产品的需求的一种新兴形式。

在互联网时代，需要注意的是，不是购买过你的产品、使用过你服务的就是有价值的用户，那些不断买产品而且持续和商家有互动、有反馈的用户，才是最有价值的用户。

3）注重用户体验

用户体验这个词最早被广泛认知是在上世纪90年代中期，由用户体验设计师唐纳德·诺曼（Donald Norman）所提出和推广。ISO 9241－210标准将用户体验定义为“人们对于针对使用或期望使用的产品、系统或者服务的认知印象和回应”。通俗来讲就是“这个东西好不好用，用起来方不方便”。ISO定义的补充说明有着如下解释：用户体验，即用户在使用一个产品或系统之前、使用期间和使用之后的全部感受，包括情感、信仰、喜好、认知印象、生理和心理反应、行为和成就等各个方面。

互联网端的用户体验主要包括：

1. 感观体验：呈现给用户视听上的体验，强调舒适性。一般在色彩、声音、图像、文字内容、网站布局等呈现。

2. 交互用户体验：界面给用户使用、交流过程的体验，强调互动、交互特性。交互体验的过程贯穿浏览、点击、输入、输出等过程给访客产生的体验。

3. 情感用户体验：给用户心理上的体验，强调心理认可度。让用户通过站点能认同、抒发自己的内在情感，那说明用户体验效果较深。情感体验的升华是口碑的传播，形成一种高度的情感认可效应。

互联网在体验和便捷的结合上也带来了巨大的变化，未来个性化的服务流将占据主流，通过采集大数据来分析和判断用户的需求，针对性地提供个性化的服务和体验。用户体验是用户的主观感受，注重的不是你做了什么，而是用户感受到了什么。

而在传统的产品创新设计中，注重产品在功能上的可用性、易用性、人性化和符合人机工程，但在情感化体验和视觉交互上涉及不多，唐纳德·诺曼就是基于互联网的用户体验提出了产品设计领域的情感化设计。对于物质极大丰富、产品选择空间极大的今天，用户体验将成为用户选择产品的越来越为重要的因素，成为产品成败的重要因素。

三、互联网时代的产品创新设计思维

1）物联网与智能化

物联网"Internet of things"。顾名思义，物联网就是物物相连的互联网。利用局部网络或互联网等通信技术把传感器、控制器、机器、人员和物等通过新的方式联在一起，形成人与物、物与物相联，实现信息化、远程管理控制和智能化的网络。物联网是互联网的延伸，它包括互联网及互联网上所有的资源，兼容互联网所有的应用，但物联网中所有的元素（所有的设备、资源及通信等）都是个性化和私有化的。

物联网时代，万物数据化，不论是环境、家庭、城市、社区、汽车、家电，还是人类自身在内，一切都将穿戴上传感器，一切都将数据化。而这些智能穿戴设备本身并不需要具备数据的处理能力，他们只承担着数据采集与扮演着控制中心的角色。

在数字化飞速发展的今天，物联网技术为产品设计的发展趋势提供了新的导向，这将产品设计的创新以及提高引向了新的发展方向。未来的社会将会是以网络为主导的社会，产品的设计、生产也将依赖于物联网的发展。在物联网的背景下，数字产品模块系统中的模块职能化的程度正大幅度的提升,模块间和模块与使用者之间建立了交互的关系,从而使全新的产品功能以及交互的体验不断得到了提升。

2)大数据思维,信息核心

互联网让数据的搜集和获取更加便捷了,并且随着大数据时代的到来,市场信息已经变得越来越透明,数据分析预测对于用户研究、提升用户体验有非常重要的价值。

产品的市场调研是产品创新设计的关键环节,一般包括如下六个方面:品牌调研、技术调研、造型调研、人机调研、用户调研与法规调研六个部分,基本涵盖了产品设计所需要的数据信息。如何在繁杂的调研数据中获取有效的、需用的信息是产品市场调研成功与否的关键,准确合理的市场调研数据总结会得出正确的产品设计定位,从而指导产品设计。

在信息时代,大数据中蓄含着来自互联网活动及各式传感器等不断产生的无限量级别的数据资源,充分利用技术手段(云计算、分布式处理技术等)对大数据进行处理,将所获得的分析数据转化为可供设计活动使用的描述性语言文字,从而指导设计活动,将是产品创新设计的重要一步。

大数据的调研方法与现有的不同,但作为整个数据分析的过程却有很大的相似性,尽管使用的调研方法不同,但调研目的是一致的,调研的过程也是相似的。大数据的调研过程,大致可分为大数据的产生、获取、存储、运用的特点以及调研数据的分析建立框架这几个步骤。大数据的形成就成为设计调研的开始,获取人类的互联网活动及各式传感器等不断产生带有多维度集合特征的数据,多个具有多特征集合的信息组合在一起就形成了数据流,通过网络存储金进行储存。有了数据基础,接下来就要进入数据筛选阶段，以获取符合设计调研的有效数据，通过将调研问题转化为数字化结构模型，套入数据库进行数据筛选。在分析结果阶段，按照调研目的整理有效数据，分析数据中所隐藏的信息（包括行为、需求、产品特征等），最后将其转化为可供设计直接使用的描述性语言。

大数据的利用不仅体现在设计调研的环节，也可以在产品反馈和评价机制阶段产生价值。

3）产品的快速迭代

快速迭代首先是一种产品研发理念，互联网产品设计流程大致上也能分为调研——设计——开发——上市——迭代几个步骤，但更加灵活变通。在快速迭代理念支持下的产品研发是“上线-反馈-修改-上线”这样反复更新内容的过程，形式非常适合互联网产品或者移动端，通过收集数据或用户反馈迅速知道改进的结果，用快速迭代的方式可以立即在用户之间找到平衡点。产品的快速迭代这是反应了互联网产品的更新速度，在产品更新换代越来越快、产品生命周期越来越短的今天，互联网产品的快速迭代的研发理念是值得传统产品行业思考和借鉴的。

然而快速迭代的理念产生互联网产品的更新换代，它的实施有一定的适用前提：

1. 环境：周围环境在快速变化、产品没有足够的时间来进行需求分析及相关测试。

2. 用户：用户不知道自己真正想要什么，产品需要通过迭代的方式进行试错。

3. 成本：一般情况下可迭代产品的成本都很低，并且可以快速的进行版本更新。

总结

身处互联网时代的洪流中，传统产品设计受到了来自互联网产品的挑战。传统设计方法需要在设计方法和创新思维上融入更多的互联网思维。注重互联网时代的用户特点，重新定义用户和用户需求，利用互联网的大数据做数据分析，实现精准定位，提升用户体验。借鉴互联网产品的快速迭代理念，快速适应这个互联网时代的规则和特性，并快速有效地做出调整，才能在时代潮流中生存并得到发展。

参考文献：

[1] 李海舰，田跃新，李文杰. 互联网思维与传统企业再造[J]. 中国工业经济，2014(10).
[2] 百度百科. http://baike.baidu.com.
[3] 庞晓龙. 一本书读懂互联网思维[M]. 长春：吉林出版集团有限责任公司，2014.
[4] 赵大伟. 互联网思维"独孤九剑"[M]. 北京：机械工业出版社，2014.
[5] Alan Cooper，Robert M. Reimann. 软件观念革命：交互设计精髓[M]. 詹剑锋，张知非泽. 北京：电子工业出版社. 2005.
[6] 杨晓庆. 基于物联网背景下的产品设计[J]. 环球人文地理，2014(18).
[7] 钟立强，马静妍，熊传鹏. 互联网思维在传统产品设计中的应用[J]. 中国科技信息，2014(3).
[8] 陈雪频. 定义互联网思维[J]. 上海国贸期刊，2014(2).

互动教育类木制玩具开发现状及设计方法研究

——为中国木制玩具行业注入新活力

邓　佳

摘　要：从21世纪初开始，中国就逐步成长为了世界木制玩具制造大国，以至于到许多国家，我们都能购买到标明“Made in China”的木制玩具产品。我们早已拥有了世界上最先进的木制玩具生产技术和设备，但直到现在，中国的木制玩具企业仍旧罕有能在世界舞台立足的自主国际品牌，我们的中国木制玩具企业，在摸索自主创新这条道路上依旧走得很艰难。文章从产业实际发展机遇及挑战出发，结合国内外现有案例及实践经验进行分析，总结出互动教育类木制玩具中的设计原则，同时归纳出适合改良的传统木制玩具类型，该结论旨在给中国木制玩具企业及有志于进行互动教育类木制玩具开发的高新科技企业提供可以增加产品附加值的设计理念及方法参考。

关键词：互动教育；木制玩具；开发现状；设计方法

一、木制玩具的定义及特点

文章中的木制玩具，是指原料为木质的玩具，它以商品形式存在。按照木材所占纯度细分，还可以分为：1. 纯木制玩具，如纯木积木颗粒；2. 合成木制玩具，如：多层板拼图；3. 木辅玩具，如：木制塑料轮小火车。

木制玩具具有环保、自然、益智等特性，在日本以及欧洲许多国家都备受家长和小朋友的青睐。在比利时，政府建议父母在为孩子选购玩具时，首选木制玩具，而木制玩具在德国一些家庭还有世代传承的习俗。

二、互动教育类木制玩具开发现状及开发价值分析

（一）互动教育类木制玩具的定义、特点及分类

互动是指相互发生影响的活动。[①] 文章所说的"互动教育"与通常所说的互动功能不同，它主要强调教育的实现。文章中的"互动教育类木制玩具"是指通过设置于木制玩具中的电脑芯片、传感器以及预设的程序，来达到寓教于乐效果的一类木制玩具。

互动教育类木制玩具，如果按照互动方式的不同，可以分为：A. 人与玩具之间的互动，这类木制玩具在玩的过程中通过声音、光源、动态等外显信息反馈儿童的行为，以起到互动教育的作用。B. 人与人通过玩具进行互动，实际上这类互动在木制玩具中比较普遍，例如具有游戏规则的木制玩具中就存在该类型的互动。第一种互动教育类木制玩具因中国玩具企业重视程度较低，少有好的产品出现，而这种类型的木制玩具却具有能更快抓住玩者的注意力进而达到更好教育效果的特点。所以，文章主要想从以上第一种类型上进行设计方法研究突破，同时兼顾第二种类型。

---

① 中国就业培训技术指导中心. 高级玩具设计师[M]. 北京：中国劳动社会保障出版社，2006，41 页.

(二) 国内外互动教育类木制玩具开发现状分析

1. 国内开发现状

当今社会,互动教育类木制玩具并不是一种全新的概念,实际上在中国现有木制玩具中,一些加入了简易互动设备的儿童认知功能型木制玩具已经存在。例如,图 1 中的"拼图玩具",它属于上述所说的第一种互动教育类木制玩具。这类玩具将感应设备嵌入到产品结构中,通过声光电的变化来反馈儿童的动作,从而起到互动的效果。

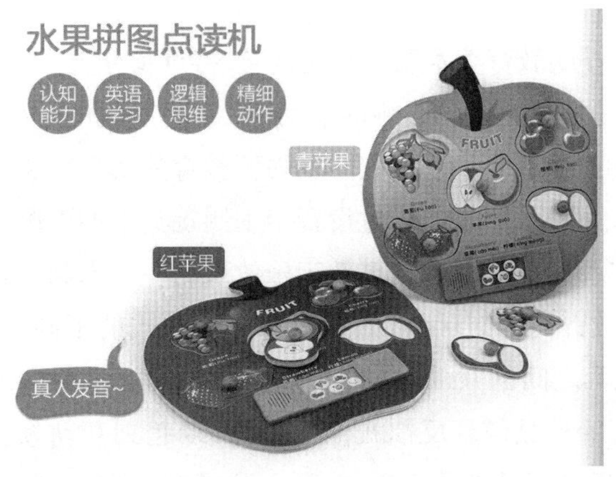

图 1　拼图玩具(绿成智汇)

还有一些玩具,例如图 2 中的"一点 DIY 拼装涂色木制玩具",它们利用木制材料易于着色的特点,同时结合木制拼装玩具的功能,增强了原有拼装类木制玩具的可玩性,是互动教育功能比较简单的一种体现形式。将互动教育功能以这种形式结合的玩具在中国现有木制玩具中比较常见。

中国苏州若态科技公司曾在 2011 年开发出了一款可以通过声控、光控使木制恐龙从静止变为行走的玩具,如图 3 声控恐龙,

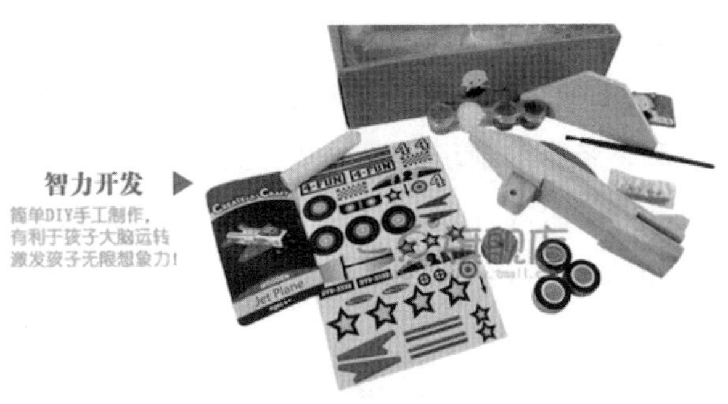

图 2　DIY 拼装涂色木制玩具(一点)

图 3　声控恐龙(若态科技)

这款玩具在 2011 年的第 23 届广州玩具与模型展上吸引了众多观展经销商的眼球。它既有智能感应功能，还能拼插组装，并能为恐龙填充独一无二的颜色，非常新奇有趣，以至于在展后的一段时间内，《中外玩具制造》杂志的“批发商情”栏目显示，这款木制恐龙都还在热销榜上。

还有一些木玩企业利用增强现实技术(Augmented Reality，简称 AR)，开发了一系列结合手机 app 应用的互动教育类木制玩具。如图 4 所示 3D 口袋动物园(木丸子),这种功能的玩具之前主要为纸质,木玩企业将 AR 技术与木制玩具结合,主要利用了木材的天然质感和多米诺木制玩具的游戏方式,让传统木制玩具拥有了更丰富更新鲜的游戏方式,为儿童创造了更接近真实的学习情境,让玩具中的知识传达更有效。

图 4　3D 口袋动物园(木丸子)

2. 国外开发现状

美国玩具品牌 melissadoug 也曾开发木制发声系列玩具,主要针对事物认知这块,如图 5 所示拼图玩具。

澳洲玩具品牌 colorific 的 Wood WorX 系列,如图 6 所示,不仅能玩机器人拼装、竞技、恐龙、生活制作等,还可以在玩具上自主上色,锻炼动手能力的同时增加了可玩性。

总体而言,在互动教育类木制玩具的开发方面,国外企业与中国现有玩具企业产品形式上大同小异,相比而言中国的企业似乎更愿意尝试新形式的探索,这也与国内教育观念特点和市场特色有关,对于玩具的教育功能一直是中国家长比较关心的方面。

图 5　拼图玩具(melissadoug)

图 6　Wood WorX 系列(澳洲 colorific)

(三) 互动教育类木制玩具开发的价值和意义

互动教育类木制玩具以“儿童与木制玩具互动”为形式,为儿童创造出适合他们的更接近真实的学习情境。这种玩具的出现,可以突破传统木制玩具大多以一种静态的方式呈现在孩子面前的局面,将学习的过程由静态转变为动态,为儿童带来了新的感官刺激。具体而言,对传统木制玩具可以起到以下一些作用:

1. 增强木制玩具的可玩性；

2. 扩大木制玩具适用的人群范围；

3. 增强木制玩具的教育效果；

4. 拓展木制玩具的种类。

三、中国互动教育类木制玩具发展的机遇与挑战

(一) 机遇

1. 从互动教育类木制玩具使用者角度来说

在我国，木制玩具的主要使用人群为儿童(0—8 岁)，成人和老人都较少使用，这与我国木制玩具的功能定位有关。

随着我国育龄期父母年龄段的变化，如今大多数的育龄男女为“80 后”(即在 1980 年以后出生的)，该年龄段父母相对于“60 后”和“70 后”有了如下一些改变，这些改变给互动教育类木制玩具的推广提供了更具包容性的机会：

(1) 教育理念的改变

“80 后”育龄父母处在互联网环境中，得到信息的方式更多元、迅速、国际化。同时，这个年龄段的育龄父母大部分经历过高考洗礼、大学扩招、择就业难、竞争上岗等严酷环节，对社会竞争的残酷性深有体会，这也使得他们在下一代的教养观念上体现出更迫切的“望子成龙”。他们乐于研究教育的科学性和个性化，对新老事物的包容性都更强。

(2) 消费观念的改变

“80 后”育龄父母相对文化层次较高，消费观念也较超前，对孕婴用品、玩具、保洁、防护、童装等消费十分舍得，同时，随着新一代的孕婴文化的推进，传统的育养观念被翻新，多功能、多样

化的优质产品、高品质的服务及专业指导成为这代父母的购物诉求。[①]

(3) 环保、安全意识的增强

随着全球环境污染加剧以及儿童用品、食品等行业产品质量问题的曝光,"80 后"育龄父母在孕婴产品消费上有了更多的恐慌。他们比以往任何一代父母都更在意材料、加工工艺的环保和安全性。而木制玩具从材料上相对塑料等材质而言有着天然的优势,将更容易得到"80 后"父母的认可。

(4) 国家生育政策刺激

目前,我国玩具行业只占所有行业总份额约 6%左右,但是市场需求却接近 30%,可挖掘市场很广,增长潜力巨大。在全面放开二胎政策之前,我国每年有将近 3000 万个左右的新生儿出生,每年孕婴儿童用品消费容量约达 3600 亿元人民币(以每月消费 1000 元统计),随着国家全面放开二胎政策,可以预见婴幼儿用品市场是目前乃至以后发展潜力巨大、收益丰厚的一个产业。

2. 从中国木制玩具产业发展现状角度来说

木制玩具在中国,其主要产地有浙江云和、黄岩、泰顺等,江苏、北京、山东、广东和福建等地也有零散分布。这些年来,中国木制玩具企业在做国外代工的过程中不断积累产品研发经验,以中国木制玩具之乡云和为例,该县木玩企业近年来不断提升工艺、打造品牌,推行"自助创新",通过探索增强木制玩具趣味性、教育性、实用性、收藏性,提高产品附加值的道路,逐步打造出了以"木玩世家"为代表的国内知名木制玩具品牌。2012 年,云和玩具业实现

① 范福军. 中国少儿时尚产业发展研究报告[M]. 北京:中国纺织出版社,2013,20—21页.

产值 20.98 亿元，同比增长 12.36%[①]。虽然总体而言，木制玩具仍旧在整个玩具行业中所占份额较小且品牌匮乏，这对行业的长足健康发展是一种“危险”；但从另一个角度看，这也正是企业“商机”所在。[②]

(二) 挑战

与一些欧美国家偏爱木制玩具不同，虽然中国许多传统木制玩具有着深厚的文化底蕴，但是随着现代人们对于玩具可玩性、教育性要求越来越高，一大批传统木制玩具的消费者吸引力正在不断减弱甚至消失。

1. 就木制玩具本身而言

中国现有木制玩具质朴、简约、自然，因其结构、材质、形态和加工工艺的特点，呈现出适应人群低幼化，年龄适应范围较小的特点。简单的玩耍方式、较弱的可玩性、较少的变化和新鲜感，以及家长自身陪玩教育知识的缺失，让这类玩具慢慢地跟不上时代的步伐。

2. 行业大环境而言

互动教育类木制玩具在中国尚处于萌芽状态，数量少、种类少、互动程度低，同时国内木制玩具市场还充斥着盗版、仿版、恶意压价等无序竞争现象，产品类型同质化现象严重。整体而言，我国木制玩具行业仍旧存在：A. 缺少有影响力的自主原创品牌；B. 木制玩具企业自主创新能力较弱等方面的问题；C. 缺少对“互动教育”概念的全面认识。

---

① 云和年鉴 2012，中共云和县委、云和县人民政府主办，云和县年鉴编纂委员会编。

② 万句. 中国木制玩具市场透视[N]. 中国国门时报，2012 - 05 - 16(6).

四、开发方法研究

（一）互动教育类木制玩具设计原则

1. 操作简便的原则。儿童在认知上有自我控制能力较低、注意力集中的时间较短的特点。如果玩具太复杂，他们会缺乏仔细探究下去的耐心。因此，我们在开发互动教育类木制玩具的时候，走近儿童的真实生活。在满足儿童自由探索空间的前提下，要根据儿童所在年龄阶段的生理及认知发展水平，使操作方式明确、简单，并具有较强的趣味性，以适应儿童的实际需求。

2. 保有并充分利用木制材料的天然属性原则。文章不鼓励将其他材质制作的互动教育类玩具都用木制来替换，而是强调要开发适合木制材料的互动教育类玩具。这个过程中，需要了解木制材料的天然属性及生产属性，将木材的特有属性提炼出来作为设计关键词。

3. 关注互动教育发展趋势，挖掘新功能、新亮点。互动教育类木制玩具的创新核心在于互动教育理念的创新。因此致力于互动教育类木制玩具开发的企业应该与互动教育研究团队、与幼儿园、与小学进行积极沟通，了解儿童的实际生活、学习。

4. 关注科技发展，开发新体验。互动教育类木制玩具要实现其功能，需要依靠科技的进步。互动教育类木制玩具开发的企业需要围绕新的互动教育理念，在软硬件设备上开展实践。如何较好地将互动设备与木制玩具生产、使用相结合，是互动教育类木制玩具的设计难点。

（二）可以改良的现有传统木制玩具归类

文章并不是主张将所有传统木制玩具都换成具有互动教育功

能的玩具，而是从木制玩具自身特点角度出发，挑选有改良价值的木制玩具进行再设计，以达到资源的最优化利用。

文章从互动教育功能的角度，分别从 1. 动作技能互动；2. 认知的互动；3. 儿童社会性互动三个方面对现有传统木制玩具进行大致归类，具体内容如下：

		可改良的传统木制玩具类别
1	动作技能的互动	敲击类、拖拉推车类、叠塔类、大运动类等
2	认知的互动	图形及色彩分类、棋类、数理知识类、拼装搭建类等
3	儿童社会性互动	木偶类、玩具屋、音乐组合等

五、总结

总体而言，互动教育类木制玩具符合中国教育及玩具市场发展的需求，其动态、真实的互动方式，能让木制玩具更好地发挥其教育作用，同时其天然、环保的材质，满足了人们对于健康、安全的向往，值得中国木制玩具企业以及高新科技企业作为自主创新的一个突破口，相信这将能为中国玩具以及儿童教育行业带来一些新的生机和活力。

参考文献

1. 王俊. 中国古代玩具[M]. 北京：中国商业出版社，2015.
2. 万句. 中国木制玩具市场透视[N]. 中国国门时报，2012－05－16(6).
3. 王晓蕾. 信息技术背景下的互动教育玩具研究[D]. 华东师范大学，2006.
4. 马利娜，李晔明. “80 后”家庭对幼儿自理能力的影响[J]. 科教导刊(上旬刊)，2012(12).

5. 范福军. 中国少儿时尚产业发展研究报告[M]. 北京：中国纺织出版社，2013.
6. 中国就业培训技术指导中心. 高级玩具设计师[M]. 北京：中国劳动社会保障出版社，2006.

《漫画行》出版现象的研究与思考

李子厚

一、研究的提出

2004 年，杭州举办了第一届动漫节；2015 年，杭州动漫节进入第十一个年头。“动漫之都”十年建设成绩斐然，与之相伴的是出现了一批具有各自领域不同特色的文创产品和动漫现象，并为业界和受众津津乐道。这些典型产品和现象无疑是杭州文化创意产业繁荣发展的成果之一，同时也折射出在国家大环境下文创产业和动漫产业的重要信息。

2014 年 2 月底，杭州本地漫画杂志《漫画行》创刊，试运行的前四期，累计发行量已经接近 50 万册，每期发行量不低于 10 万册。作为一本新创刊的漫画杂志，能够达到如此业绩，不用说在杭州本地极其少见，就是放在全国的漫画杂志市场来说，也是极其难得的。在此后的一年多的时间里，《漫画行》杂志在国内的发行量猛增，基本覆盖了国内各大图书发行渠道，并在读者中引起了不小的轰动。本文在这里对这一出版现象做一简单分析，仅供业界参考。

二、《漫画行》的杂志创刊时间背景

回溯到1994年,《画书大王》创刊,尽管一年后迫于各方压力,被迫停刊,但是《画书大王》作为国内第一本现代漫画半月刊杂志对于之后的现代漫画杂志以及漫画读者都造成了深远的影响。

从90年代初期的《画书大王》到1995年出台的“5155”工程;再从2004年的首届杭州动漫节到当下,白驹过隙,已经前后过去了近二十年的时间。在这二十年内中国大陆的漫画市场发生了巨大的变化。

前十年内,作者整体创作年龄相对偏低;文化积淀较之传统文学作者来说严重不足;理解能力有限。尽管绘画能力越来越强,不断出现插画或者绘本的新人,但很少有作者真正具备能够用自己的漫画语言来表达出自己的思想的能力。

同时,各漫画杂志的编辑大部分出身为传统的文字编辑或者美编,很多主编的的工作方式仍然是传统的编辑模式,能够深入了解漫画的本体特点与市场结构的人少之又少。

以上问题集中反映到作品上,就是我们的作品大部分画面可能会十分华丽,而内容却十分空洞,情节节奏弛缓,而且作品的取材范围比较窄,大部分仅仅停留在搞笑的范围内,只会浑笑打科,很少有人能去表现深层次的故事。只要作品还无法通过漫画的自由表现力表现具有一定深度的内涵,就无法被学界与市场所承认。

以上现象的结果就是当第一个十年结束的时候,当时行政指令成立的漫画杂志几乎都已经销声匿迹了。从《北京卡通》到《少年漫画》、《漫画大王》、《中国卡通》、《卡通先锋》、《卡通王》、《科幻世界画刊》等等,这期间《科幻世界画刊》2002年改版;《漫画大王》改版为《幽默漫画月刊》;《北京卡通》停刊后复刊已无当年影响力;

《少年漫画》改版成低幼读物，影响力极度削弱；《卡通王》停刊……

但是在这十年里，最大的成就是培养出了一大批直到今天还是中国现代漫画领域领军地位的作者，例如：姚非拉、夏达、炎炎、王小洋、于彦舒等作者；更重要的是给那些通过盗版接受到大量日本、欧美优秀漫画作品的广大读者们提供了国内原创作品的信心，培养出后十年的潜在市场。

经过第二个十年后的今天，当年看漫画、画漫画的 70 后、80 后们逐渐成长为社会主流，他们当年对现代漫画的阅读习惯已经逐渐成为一种社会意识，并且能够影响社会接受，甚至引导发展。具体现象就是以《漫客》系列、《漫友》系列以及《知音漫客》等杂志为代表的一大批新生杂志的诞生与发展。

三、国内的漫画市场结构

一个完善的漫画市场是需要内外两部分构成的，作者在这里简单分析一下国内的市场结构。

漫画市场的结构主要包括：出版商、作者、市场（读者）、作品，这部分本人称之为“内环境”；相对应的：社会意识（包括政策法规、社会意识等）和外来作品的影响所共同构成的“外环境”。（如图 1）

具体来说：出版商、作者和读者三方是通过作品相互联系的；作者通过出版商来出版发行自己的作品来达到目的——信息发布与稿费收入；出版商通过出版发行作者的作品来达到自己的资本运作的商业目的—信息传递与市场收入；读者通过购买作品来达到其欣赏的目的——接受信息，并在在信息获取过程中得到精神层面的愉悦。

三方面又是相互产生反作用：读者通过对出版商和作者进行

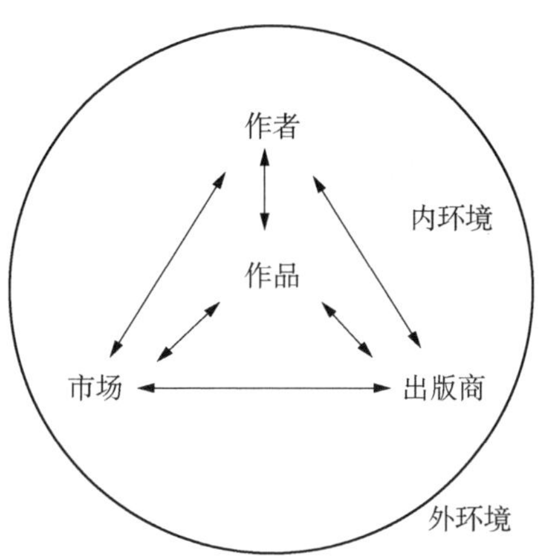

图 1　漫画市场的内外环境

信息反馈，使出版商和作者对市场需求有一个比较正确的了解；出版商通过读者对作品的信息反馈来重新制定计划，要求作者按市场需求来创作；作者通过由出版商转来的和读者直接反馈的信息来创作满足读者要求的作品，以达到各方的需求。

外来作品的影响和社会意识所共同构成的外部环境对各方面都会产生十分重要的影响。在某种程度上甚至可以决定良好体制的建立。外部环境与市场体系形成辩证统一的关系：外部环境会影响漫画活动的参与者，从而影响他们对漫画活动的认识和他们的作用；同时，作者、出版商和读者又会在有意识或无意识的状态下，通过自己的活动对外围大环境产生某种影响，使其向有利于参与者的方向发展。

四、《漫画行》的市场结构分析

一本受到读者欢迎的漫画杂志的表层是作品的优秀，背后则是作者的创作努力，其后还有编辑的辛苦工作。三者缺一不可。

（一）作品内容方面

国内现有的漫画杂志中，国内“少女漫画”和绘本类型的漫画杂志较多，而《漫画行》则是属于相对较少的“少年漫画”领域的漫画杂志。“面对命运，自我发现”这是这本杂志内容的定位。

（二）市场读者群方面

《漫画行》的读者群集中在小学——高中阶段，连载作品风格以少年漫画为主，属于养成系列性质的热血幽默漫画。基本上故事都是主角在不停地解决各种问题中成长的故事，所设定的人物容易跟读者群产生共鸣。这种用优秀的境外作品结合本土成长的新生代作品的模式，目前来说是不多见的，这也就保证了读者群的相对稳定。

（三）作者方面

四期《漫画行》连载刊登的作品共九部，其中引进日本版权的是两部：全球热卖的《航海王》和《黑子的篮球》，作者分别是日本漫画大师尾田荣一郎和藤卷忠俊。其余七部则是国内新生代作者，其中《香武》的作者于彦舒、《墨飞正传》的作者墨飞等人都是第二个十年内成长起来的本土漫画作者。

作为第二个十年成长的作者，他们大多是第一个十年期间作为读者，能够通过各种渠道接触到国内外的优秀作品，通过前一个十年的大量阅读与自学，相对比较完善地接受并理解漫画的形式语言，并且在学习工作过程中形成具有自己风格的思维模式和创作方法；相对第一个十年的作者来说，他们的创作有一定的针对性，同时也是在漫画发展相对低潮期进入创作领域，能够耐得住寂寞，沉得下心来进行自我完善与提高创作技巧。而且，这一批作者中系统接受艺术专业教学的专业艺术院校出身的作者开始成为主流。

(四) 编辑方面

现代漫画是借鉴影视艺术镜头语言的表现形式,融合了传统连环画和传统幽默讽刺漫画而形成的一门艺术表现形式。它的叙事方式是融合了传统文学叙事方式与影视艺术中镜头叙事的特点而成。由于具有以上特点,所以相对于现代漫画的杂志社的编辑来说,如何挑选具有一定的自我风格并且能够熟练驾驭漫画语言叙事的作者与选择优秀的作品选题具有同等作用。

换而言之,漫画杂志的编辑相当于影视制作中“制作人”的作用。

以日本出版界的三大巨头为例:小学馆、集英社、讲谈社为代表的漫画出版界在编辑工作上,漫画的制作已经由漫画家主导的制作流程转变成为编辑主导、团队作业的方式。

这种编辑主导团队作业的方式已经成为目前日本漫画制作的主流。即所谓“读者之所求,编辑之所愿,作者之所为。”

《漫画行》编辑部的编辑主要是由第一个十年期间的读者和参与者构成,在第二个十年内培养成长,经历了2000年前后的低潮期也赶上了现在的发展期。编辑团队有跨国运作漫画出版创作的“海归”,也有专业出身透彻了解漫画创作出版结构的学院派成员。

作为一个年轻的编辑团队,对内通过连续七届的新星杯故事型原创漫画大赛积累的国内原创作品和优秀作者资源,旗下有于彦舒、米沙、洛君麟、巴布等多位专属签约漫画家,数百部签约作品及上千部版权资源作品;对外获得世界著名漫画机构集英社的全面支持,《漫画行》是集英社唯一在海外支持的漫画杂志项目。获得了《周刊少年JUMP》副主编浅田贵典、“阿童木之父”手冢治虫责编松冈博治、打造《圣斗士星矢》的资深编辑松井荣元等日本业内资深前辈编辑的编辑教学;同时还接受台湾天下出版社长社马荣成、台湾尖端出版社前主编金嘉琪、香港正文社社长兼总编邓永雄、台湾青文社总编苏心益等业界资深专家的定期指导。

(五)外部环境

现在定位当年的“5155”工程似乎尚早,但是不可否认的是第一个十年发展给第二个十年发展培养了大量的有发展趋势的本土原创作者以及非常广大的读者群。1994—2004年十年期间正是70后、80后集中在从小学到高中的阶段,而这十年是国内漫画市场中盗版漫画大肆冲击中国市场的十年,同时也正是70、80后成长接受现代漫画这种艺术表现形式的十年。读者的眼界扩展开了,同时反过来对国内本土原创作品的要求也加高了,相对应地,作为读者中一部分的原创作者们的眼界也同时提高,经过十年的磨练,在一定程度上也得到了发展。

这批读者群中的大部分步入社会,其中有一部分进入出版领域,进入编辑工作领域。这部分人是有着强烈愿望的,当外界环境适合的时候,就有发展的机遇和可能。

从2002年至2014年,国家先后出台了《影视动画业“十五”期间发展规划》、《关于加强动画片引进和播放管理的通知》、《中共中央国务院关于进一步加强和改进未成年人思想道德建设的若干意见》、《关于发展我国影视动画产业的若干意见》、《关于支持国产动漫产业发展的若干意见》(国办发〔2006〕32号)等文件,针对动画与漫画产业发展起到了大规模的推动作用。

简单来说在动漫产业政策的制定上，主要集中于四个层面：第一，从战略上明确了动漫产业的定位，确立了动漫产业的发展方向，提升了动漫产业在国家整体经济中的地位。第二，从战术上对发展动漫产业的硬、软件建设给予了实施指导意见。第三，从宏观调控上，对国产动画片的播出时间、播出比例、题材规划、发行许可等制定了详尽的政策，规范了产业的市场环境。第四，建立激励机制，通过行之有效的实际优惠政策，提高动漫企业的生产积极性。在营业税方面，对动漫企业为开发动漫产品提供的动漫脚本编撰、形象设计、背景设计等劳务。

以上这些都是可以称之为外部环境的变化。后十年相对于前十年政府起到的作用是创造环境，而不是指令行为。这就给市场上的漫画杂志以较为宽松的环境进行发展，并且最终用市场来检测结果。

天下大势，浩浩荡荡，顺之者昌，逆之者亡。

所以在这时期《漫客》系列、《漫友》系列以及《知音漫客》等杂志为代表，其中《漫画行》也是在这个大环境下诞生的。

五、总结

综上所述，宽松的外部政策条件、专业的编辑团队、成熟的创作队伍、优秀的连载作品以及培养了二十年的读者市场，这些因素加在一起就导致了出现《漫画行》的初期出版现象。而这种现象也刚好可以作为我们研究中国当下漫画出版的一个典型案例来进行分析。

“跨界·无界”
——基于新媒体视野下的动态影像(Motion Graphic)设计研究

谢艳虹

数字技术的发展促使了新的媒介环境的形成,为我们带来了崭新的视觉表现空间,以此为依托,本文以新媒体背景下的动态影像设计(Motion Graphic)为主要研究对象,通过案例解析其在各个设计领域的渗透融合,对其未来的跨界发展趋势进行了展望。

数字时代的到来,改变了人们的生活方式、生活状态。无论我们行走在城市的大街小巷,在商场里、在马路上,还是在各种交通工具里移动,乘地铁、乘出租车,或是在家里办公室里打开电脑、掏出手机,那些大大小小的电子画面,那些纷繁复杂的图像文字,就像一张铺天盖地的隐形的网萦绕在我们身边,跳动闪烁,传递着瞬息万变的信息画面。

新媒体是相对于传统媒体而被界定的,在不同的社会历史发展条件下有每个时代自己的定义。就目前阶段而言,新媒体是以数字信息技术为基础,以互动传播为特点、具有创新形态的媒体。然而新媒体也是一个不断发展的概念,并不是一成不变的,比如相对于书籍、报纸等纸质媒体,电视、广播属于新媒体,但是和互联网、移动通讯相比，又成为了旧媒体。新媒体是新的技术支撑体系下出现的媒体形态，如数字杂志、数字报纸、数字广播、手机短信、移动电视、网络、桌面视窗、数字电视、数字电影、触摸媒体、手机网络等。相对于报刊、户外、广播、电视四大传统意义上的媒体，新媒体被形象地称为“第五媒体”。

随着移动传媒，网络传媒的发展，人们也已经习惯了不再单纯地依靠移动自己的眼睛去获取信息，只需要站定在原地，就能接收到来自视觉、听觉，甚至触觉、嗅觉的全方位感受。与此同时，也改变了创意设计的思维方法和呈现方式，传统的平面化的广告已经不能满足人们的诉求，曾经被称为下个时代产物的动态影像设计，不知不觉早已闯入并布满了我们的日常生活。

一、动态影像的概念及构成要素

（一）概念

Motion Graphic 简写 MG 或者 Mograph，通常翻译为动态图形或者运动图形，它是影像艺术的一种。广义上来讲，Motion Graphics 是一种融合了动画电影与图形设计的语言，基于时间流动而设计的视觉表现形式，介于平面设计和动画影像之间。它跳出了平面设计所谓的平面，在视觉表现上参照平面的设计原则，在技术上使用动画的制作手段，加入了时间轴的概念，通过丰富的空间视觉语言，由数字媒体时代信息的承接媒介—屏幕替代了传统的纸质媒体，把有限的屏幕空间延伸成为一个集视频、音频、动画、图像于一体的无限空间。与传统影视动画艺术不同的是，MG 动态影像是一种基于时间的视觉设计艺术，而相对弱化了动画中的叙述性，是非叙事性和非具象化的。

（二）构成要素

图像是动态影像设计中最常见的构成要素，它包括静态图像和动态图像、像素和矢量、生成和实拍、图像风格等。在没有运动的情况下，它本身也能传递一定的信息内容，就像文学作品中的基本表意语汇，但是一旦把它放在动态的环境下，这些原有的、孤立存在的图像素材因为不同的组织方式和运动效果而产生新的意义。

文字是动态影像设计中另一个重要构成要素，它除了单纯的传递信息之外，更多的是与时间联系在一起的，所以在动态影像中对于文字的关注不仅是字体的形态结构，还有文字的运动方式。

声音是动态影像区别于静态描述的最明显要素，因为声音的存在使得观众的听觉系统随着视觉的移动在脑海中有效地构建起虚拟空间效果，起到很好的辅助和强化作用。

动态影像艺术是创作者为表达一定的艺术思想，运用现代成像设备制作出的动态影像作品，它通常包括时间与节奏的运动、主体的运动、摄影机的运动、镜头之间排列组合产生的运动。其艺术表达特征是非线性的、空间性的和跨界性的。

二、动态影像设计的跨界探索

普遍都认为 MG 是数字时代的产物，其实很多 MG 当中经常出现的文字和色块的构成应用，以及类似 MV 的碎片式的剪辑方式，早在上世纪 50 年代就有了，只是因为现在工具和平台的不同，所以产生了一些变化。也有将 MG 的历史追溯到 19 世纪人们对动态影像的最初探索，1832 年比利时物理学家约瑟夫·普拉托和奥地利大学教授丹普佛尔利用视觉暂留现象制作了早期的动画装置“诡盘”(Phenakistiscope),在圆盘上绘制一个人的连续动作,通过旋转使静止的分解图产生了动感,即电影的前身。

美国图形设计师索尔·巴斯(Saul Bass)被誉为动态影像设计的开山鼻祖,早在1958年,他就为悬念大师希区柯克的作品《迷魂记》(Vertigo)设计了片头,希区柯克擅长对人内心的恐惧进行刻画,《迷魂记》就是这样一部精神分析式的悬疑电影。索尔·巴斯用纯手工的方式,把人眼珠的画面和圆形螺旋图形互相影射,具有某种象征的意味,旋转出深远无穷尽的视觉空间,结合奇幻迷彩的颜色营造眩晕的效果。

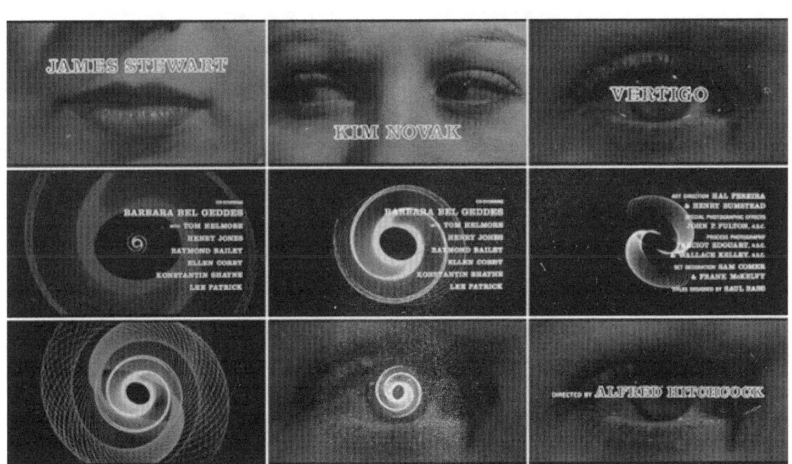

电影《迷魂记》(Vertigo)片头截图

1960年在希区柯克的另一部影片《惊魂记》(Psycho)又名《精神病患者》中,索尔·巴斯运用简洁的几何线条元素,通过速度和节奏的变化进行分离或者聚拢,并与文字进行巧妙的构成编排,用抽象的方式表现凶手神经质而又扭曲偏执的心理特点,简约中饱

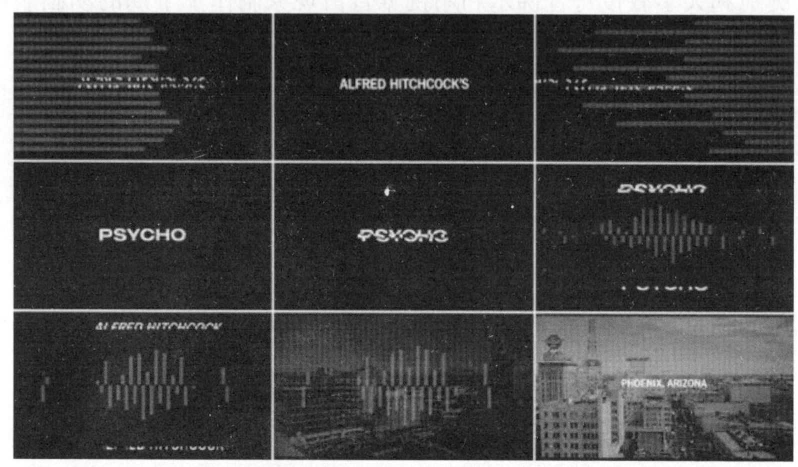

电影《惊魂记》(Psycho)片头截图

含冲击力，在视觉上形成强有力的压迫感，营造出紧张焦虑的气氛，从一开始就把观众带入影片，将片头自然融入成为了电影的一部分。

斯坦利·库布里克(Stanley Kubrick)的御用片头设计师帕布罗·费洛(Pablo Ferro)将广告的创意剪辑方式运用在电影片头创作上，大量使用分屏概念，把看似独立其实互相之间又紧密相连的画面进行分割组合，分解了连续复杂的动作画面。

在当时，早期电影制作中并没有片头设计这一环节，主创人员名单只是单纯的文字信息公布，将文字由静态向动态方向发展，把枯燥冗长的大段文字作为创作的一部分，是运动的字体设计、版面设计，这对于传统的电影工作者而言是一个概念和领域的冲击，也是一次成功的跨界尝试。设计师、美术师、摄像师、导演很多时候并没有那么严格的界定，学科边界交叉融合诞生新的学科，或者将某种表现方式运用在其他创作领域。随着新兴媒介的不断发展，

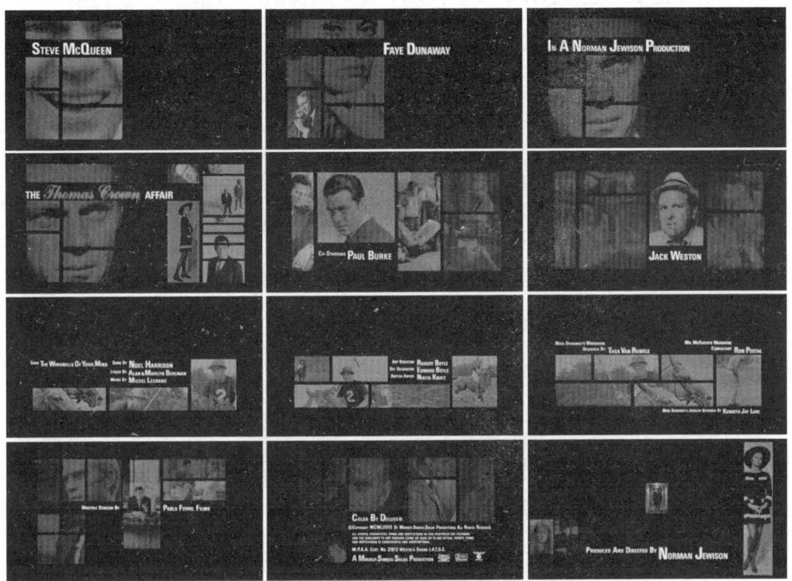

电影《龙凤斗智》(The Thomas Crown Affair)片头截图

动态影像设计也越来越多地出现在各种信息传播当中，大量的二维、三维动画的发展也在影响并引领 MG 的潮流，目前较多地应用在电影电视和网络领域，比如电视频道包装、商业广告、电影电视片头片尾、音乐录影带等。

三、动态影像设计的无界体验

通常把 Motion Graphic 翻译成动态影像，因为它基本上都是以视频影像的形式所呈现的，而且早期的动态影像经常应用在电影片头片尾设计制作中，所以它自然而然被归类到影像艺术当中，但其实动态影像设计并不局限于此。动态影像设计是数字领域包容性很强的一门综合艺术，设计理念和设计技巧需要与时间线音频和空间整合，它应用了不同设计类别里面的元素，创意与表现形式多元化，视觉效果强。设计师同时又是导演，编剧、摄影师、动画设计师、特效设计师、模型制作师、后期制作师。它综合了多种艺术门类相互交叉渗透，影像拍摄、图形设计、动画设计、视觉特效、插画设计、字体设计、编排设计、后期制作、音效制作、音乐制作、互动设计等众多领域。它体现的是一种设计理念，既不是一种专门的技术手段，也不能单纯的和影像设计、平面设计或者动画设计划上等号。设计师需要的是想法、理念和精神，发散的思维，综合的视野，而不是某种技术性层面。

于 2015 年 7 月落幕的台湾第 26 届金曲奖是一次视觉设计与动态影像的完美跨界融合，它一改以往传统既定的典礼形态，将主题概念融入到视觉的方方面面，从主视觉标志到每一条提名入围影片的包装，使音乐成为一种抽象的感官体验，让观众看到台湾的设计，也看到动态影像原来还可以这样用。

这次金曲奖视觉统筹的主题是“台湾源声带”，以金曲奖为载体，体现台湾这片土地上承载着的文化和记忆，在视觉设计上把台湾金曲奖久违的隆重感和分量感找了回来，以全新的面貌让大家重新审视了金曲奖的意义，重新认识了台湾音乐。主视觉标志是一个 3D 立体造型，在“金曲 26”四个雕塑质感的标题文字中融合了台湾的梯田、高铁、山脉、海河，还有一些标志性的建筑物比如台北 101 大楼、高雄 85 大楼等，从山水到城市，台湾的自然风光、历史文化、人文情怀铸就了它多元交融的独特魅力，也滋养了台湾音乐的多种可能。同时各组起伏的点、线构成体现音乐的节奏和韵律，紧扣“台湾源声带”的概念。在 logo 的动态演绎上，延伸出 2D 到 3D 变化的空间感，用模拟声波的金属起伏线演化为五线谱，再幻化出城市山水、稻田、高楼大厦等元素，结合优雅而庄重的弦乐

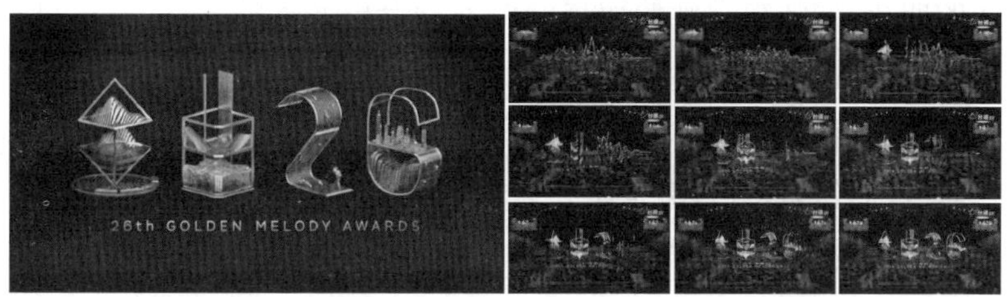

第 26 届台湾金曲奖主视觉标志　主视觉标志动态演绎

曲在屏幕上缓缓流动，既有视觉的创意，又有声音的表现，谱写了一曲台湾特有的文化。

早在第 25 届的时候，设计团队已经往这个方向做了一次成功的探索和尝试。

第 25 届金曲奖主题概念为“Graphic Beats——跳动的符号”，用线作为主要构成元素，缠绕出 25 字样，拆分的笔画形似乐器的键盘、鼓面、琴弦，暗喻跳动的符号这一主题。辅助图形为波浪起

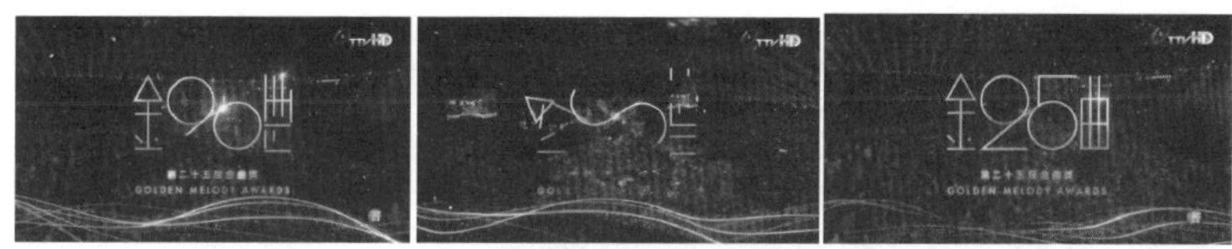

第 25 届台湾金曲奖主视觉标志动态演绎

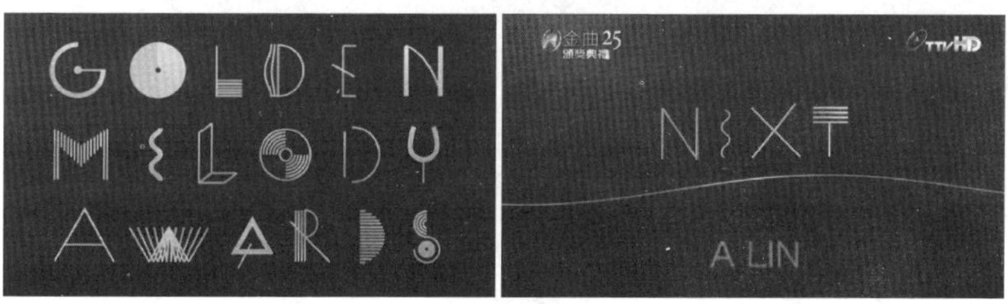

Logo 形象衍生

伏的曲线，增强视觉延伸效果。由各种音乐元素的字形变体组成“Golden Melody Awards”字样以及节目预告字幕，都沿袭了主视觉标志的跳跃感。

入围者影片设计邀请十一名知名平面设计师来搭配十三组国内外知名动态影像创作者与公司。平面设计师以其独特敏锐的洞察力和视觉化的方式诠释每一个奖项，我们可以看到很多几何形状裁剪拼接、线条循环变化、乐器元素打散重组、扁平化元素、实物解构、色块对比、特殊材质和肌理表现，不管是字体还是配色都与提名奖项内涵暗合。当然平面和动态的逻辑还是有些不同，需要以动态的思维去想象画面的分割和运动，类似分镜脚本的概念，然后由动态影像设计师将这些平面的元素和感觉延伸到影片中，图形设计叠加视频影像，动与不动幻化出丰富的层次。双方的跨界合作为原本单调的入围影片影像注入了全新的活力，提供了一种新的尝试和可能性，摩擦出别样火花。

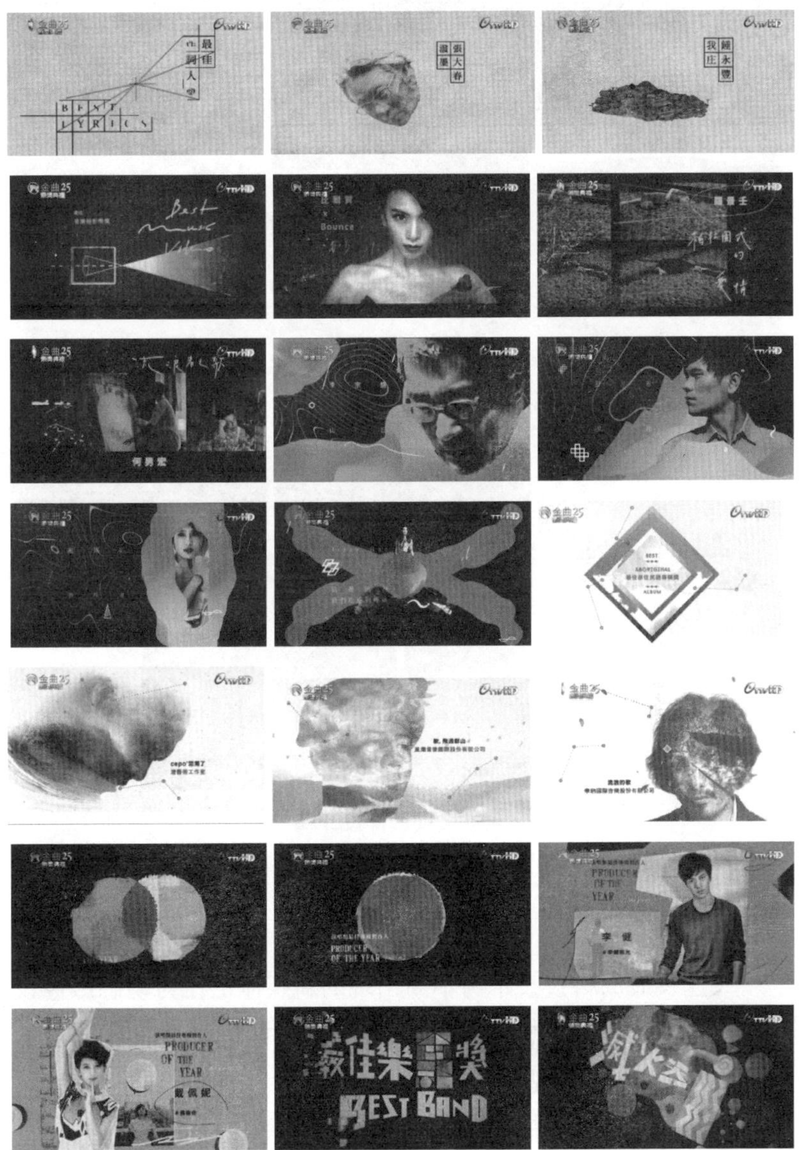
BEST
LYRICS
PRODUCER
OF THE YEAR
李 健
PRODUCER
OF THE
YEAR
戴佩妮
BEST BAND

入围奖项影片设计稿

四、结论

飞速发展的科技技术与不断出现的新媒体正在为动态影像设计师提供更广阔思维想象，以及更多可能性的平台，它的扩张从影视片头片尾、音乐电视录影带、商业广告、栏目包装，到互动网页、手机动画、交互游戏、模拟演示、户外媒体等等无处不在，同时还在不断地开拓新的领域。所以将它称之为 Motion Graphic 似乎也有一定局限性，太多的设计师正持续地创作出各种学科交错、形态各异的作品。未来的计算机和互联网技术将为动态影像提供更多的机会，与其说传统媒体会逐渐淡出我们的视线，不如说它将以新的姿态和方式出现在我们的生活中。现代传播形态的发展渗透进人们的文化和生活，动态影像的未来有很多不确定因素，但是可以肯定的是它必定是多样化的和综合的，几乎没有光靠某一单一学科专业就能够完全胜任的情况。

跨界可以发生在不同的学科和系统里面，比如绘画类和设计类，或者美术类和音乐类，再或者艺术类和非艺术类。跨界只是技术和手段的不同，但是设计师的思想、意识是没有发生改变的，仍然保有个体原本的思维形式和审美方式，这种跨界状态下对于潜意识的刺激和激发，能够带来更多的创作灵感。作为一个创作者，本应该关注和涉及一个较大的领域范围，比如音乐、文学、绘画、舞蹈、戏剧等等，去触摸多种艺术类型，才能从多种艺术形式中汲取养分。

跨界只是一种手段，最终的理想是达到无界的状态，我们生活在一个视觉的世界里面，各种不同的艺术形式本质上是相通的，不同的表现方式最终都是表达情感，整个视觉艺术系统中所有的类型都是无界的体验。对于动态影像设计师来说，是对于平面的形状与编排、色彩的对比与调和、叙述的语言和逻辑、镜头的拉伸与空间、音乐的节奏与韵律的整合。所以应该探索更多其他媒介的设计，深入细致地观察各种材料、颜色、时间、空间、形式，很多看似并不直接相关的东西，都可以引发触点，开始观察这些的时候就会产生一些细微的变化，对设计的理解也会随之开阔。

参考文献：

[1] 许一兵，许肖潇. 动态图形设计[M]. 上海：上海人民美术出版社，2013.

[2] 黄睿.现代电影海报设计大师索尔·巴斯作品解读[J].美术大观,2008(7):50—51.
[3] [日]原研哉.设计中的设计[M].济南:山东人民美术出版社,2006.
[4] 杭间,何洁,靳埭强.岁寒三友:中国传统图形与现代视觉设计[M].济南:山东画报出版社,2005.
[5] [德]马利奥·普里肯.顶尖视觉创意:广告动画及数字化设计的新锐理念[M].长沙:湖南美术出版社,2005.
[6] 张曼华.海报图形的个性化表现手法及形成原因浅谈[J].设计,2014(3):179—180.

国内主流插画绘本市场调研和分析

周　辰

绘本，这种以插画为主、文字为辅的出版物，正在成为无数家长为孩子选购的人生第一本书。图画、色彩对于孩子智力开发的重要性不言而喻，与那些饱受“幼稚、暴力、影响视力、商业味太重”诟病的动画片不同，家长更愿意为孩子购买既有儿童情趣，又能寓教于乐的绘本。

在中国，绘本有着巨大的市场，面对书店里种类繁多的绘本，很多家长虽然对孩子的教育问题有着迫切的需求，却对如何选择好的绘本存在着困惑。另一方面，由于经济、观念和生产上的瓶颈，中国插画师在薪酬水平上与国外还有着不小的差距，我国对于插画师的培养还有更多工作要做，出版社在选题与印刷上还有着诸多限制。中国插画真正的繁荣时代还没有到来。

“插画”一词译自英文 illustration。在传统的定义中，插画多半指手工绘制的图画，但是，随着科技的发展，电脑制作的图画也进入了插画的范畴。

一、儿童插画前景无限

插画的兴衰是与印刷品和书籍的发行情况密切相关的。近年来，由于电子文件与电子媒介的大量运用，纯粹的文学作品呈现出萎缩的状态。在这样的情况下，依附于文学作品存在的插画也慢慢地萎缩了。

然而，插画这个艺术画种，在儿童读物领域内得到了蓬勃发展。中国家长对于儿童的教育极其重视，不管是在城市还是农村，家长们都愿意出钱来购买一些儿童读物。幼儿园教师表示，大概有一半的小朋友，在 3 岁的时候家长就开始购买儿童图画书，还有家长在孩子一周岁时就已经准备了各式儿童读物。

在 2010 年第 6 次人口普查数据中，0—14 岁人口为 2.2 亿人，占到中国总人口的 16.60%。在如此庞大的市场之下，儿童读物在近些年呈现出空前繁荣的状态。据了解，全国一共有 560 多家出版社(其中包括 20 多个专业的少年儿童出版社)，有 530 多家涉及到儿童领域。也就是说，除了少年儿童出版社之外，美术出版社、文史哲出版社和一些社会科学类出版社，都成立了少儿图书的编辑室。可以想见，全国每天生产的儿童读物数量相当可观。

在如此巨大的生产背景下，插画行业有着无限的前景。目前在中国从事插画的人员，大部分是为了儿童读物绘制插画。在儿童读物里，插画的载体主要分为两类：一是杂志。以儿童为阅读对象的少儿杂志在全国可能不下几百种，这些杂志需要大量的插画师对每一期栏目进行绘制。杂志上的插画是一种纯粹的插画，是为某一篇文字存在的几张图。这是狭义上的插画。

还有一个广义上的插画，就是绘本。所谓绘本，就是独立的、有文字或是没有文字的，读者对象是少年儿童的图画书。因为绘本几乎全都是图画，所以它对插画的质量和从业人员的素质要求更高。

尽管电子书的兴起给传统的印刷类书籍造成了冲击，但这似乎并没有影响到绘本的发展。电子产品是不可能替代绘本的，很重要的一点原因是，有物质载体的阅读本身就是一种互动，纸张可以触摸、可以翻动，家长可以和孩子一起阅读，这过程中有一种温暖的情趣。这是纸质书籍很重要的附加值，是冷冰冰的电子屏幕无法取代的。此外还有用眼卫生方面的考虑，一般来说，家长并不太愿意孩子过早使用电脑或手机，大多数还是依靠印刷读物。印刷读物只要有这样一个市场，插画就一定能有持续的发展。

二、国内外绘本差距大

中国的绘本行业才刚刚起步，据了解，目前在市面上中国原创的绘本较少，从国外引进的绘本占大多数，这其中有原版的，也有翻译过来的。

在欧洲或者在日本，绘本这个行业已经非常发达。当然，这与这些国家对插画家的重视、教育教学理念，还有行业较高的收入是分不开的。在国外，印刷品的价格是非常高的。比如一本德国的儿童绘本，每本大概是 250 元左右，非常贵。荷兰寄过来的原版绘本，并不是很厚，就十几个对页，也要 175 元一本。国外的绘本由于印刷成本非常高，再加上画家的稿费、版税等等，价格一直居高不下。

在中国，这样的价格显然不是普通读者可以接受的。

现在中国出版社出版的儿童绘本，最便宜的是一些单行本，16 页或 24 页，售价在 30 元左右。用三十几元钱买一个薄薄的儿童读物，家长们哪怕资金宽裕，也是会犹豫一下的。

事实也是如此，家长们尽管认为二三十元是个相对合理的价格,但也有家长会在网上选择打折后 10 元左右的绘本,或是去打折书店购买“论斤称重”的儿童读物,小孩子需要大量的书看,书做得太贵也不合适。

在对绘本内容的选择上,家长各有所好,有的人认同西方的教育理念,“国外故事经常很生动,让人沉醉,对孩子的影响很大”;也有人认为中国的图画书比较通俗易懂,“主要还是文化上有差距,外国的文字翻译过来有一些问题,小朋友可能不太理解”。中国本土儿童绘本的内容却并不尽如人意。

出版社要出绘本,首先文字要过关。现在有一个趋势是,写儿童文学的作家正在把自己的作品改成绘本。但并不是所有的文章都能改成绘本,改成绘本以后也不一定能和原著画得非常符合,因为有的文字是不适合做成绘本的。国内绘本有一个很大的问题是出在故事上面,因为读者不一定会看你的画,但一定会读你的故事。尽管国内不乏好编剧,也不乏好故事,但却缺乏专门做绘本的好编剧。以国内的情况,可能由插画师自己做编剧更可靠。

一本优秀的儿童读物,它的插画应该具有一些能够概括的特质:一是具有儿童情趣,二是强化传递性,三是教育的功能,四是艺术性。插画除了形象表现之外,它的脚本要依附于文学,但是中国的文学创作有时与世界不接轨,缺少一种世界语言。由于中国一些固有的习惯和束缚,导致一些作品在创作的时候,是从成人的角度出发,缺少从孩子的角度去理解,这些作品往往比较概念化,脱离了少儿的心理状态,特别是教条性的东西太重,唯恐教育的功能没有显现出来。这是一个很严重的问题。

除去内容上与价格的差别,国内外绘本在出版流程上也有着显著的不同。绘本不同于普通的文字作品,出版流程相对复杂。

据了解，国外的插画家多是“自编自画”。画一本绘本，作者可能需要两三年的时间去采访、写生，要把所有的草图都画得非常完美，然后做成假书，出版社看到成果，既有图也有文字，如果觉得合适，马上就可以出版。出版社开出的报酬足够插画家这两三年的开销，出版后的净收入也相当高。而在中国，有插画家这样开玩笑说，“如果一本书要搞两三年，那连稀饭都喝不到了。”

在中国，绘本大致分为儿童绘本与成人绘本两类。它们的出版流程并不相同。

成人绘本与国外绘本的出版模式相似，作者在选题和表现方式上自由度较大。成人绘本包括旅行绘本、美食绘本与生活绘本，最多的就是旅行绘本，包括旅行经历、攻略、手绘地图等等。成熟的插画师会自己构思一个主题，做完之后在网上发布，可能之前已经跟出版社谈妥了，也可能是发布以后被发现了再来谈出版的事宜。如果没有人约稿，一般都是在网上先积累一定的影响力，只要作品反响好，很快就有编辑来联系。

与成人绘本相比，儿童绘本受到了一些限制。据了解，中国的儿童绘本基本都是出版社事先定好了主题和文字，然后找到合适的插画师画。接到出版社的约稿后，插画师根据要求的主题，把一段一段的文字内容，分解成一张一张的图片。在中国，儿童插画家自己设计图文、再投稿到出版社的几乎没有，只有极少数很有名的才会被约稿。

三、国内绘本印刷质量堪忧

与国外精美的绘本相比，中国绘本“粗制滥造”的现象非常严重。

一些家长认为，中国儿童绘本的印刷比较粗糙，“尤其是给小孩看的，特别不能容忍低劣的绘本”。也有插画家直言，同样的绘本，国内外的设计有非常大的差别，“国外设计的东西都经过很长时间的精心考虑，我们引进以后，把精装本改成简装本，文字的设计也改了，印刷的效果也改了，那种感觉都没有了”。

要想绘本好看，除了内容的选择，还要注重印刷质量；印刷质量要高，就必然要增加出版成本；成本一高，绘本的价格就会水涨船高；如此一来，很多人就不会购买了。这样的怪圈，在中国切切实实地存在着。

对于绘本的印刷质量，不仅是读者纷纷“吐槽”，插画作者也显得无可奈何。很多时候，出版社急于想要看到成果和利益，这胜过想要做出好作品的想法。出版社的插画，几乎没有不是急着要的，大部分都是希望以最快的速度达到一个差不多的效果就可以了。

其实从印刷技术与设备上来说，国内与国外并没有什么差别。区别主要在用料上，绘本为什么印不好，就是因为颜色上有差别。颜色跟纸张之间的关系非常大，纸张、颜料的选择都需要综合考虑。成本降下来唯一的方法就是把纸张、颜料、印刷降下来，所以档次就下来了。然后还有管理问题，包括技术，包括眼力，也包括工人的素质，很可能工人调出来的颜色根本不是你想要的那个颜色。国外的很多绘本在印刷的时候，颜色都是有经验的老师傅在看。国内现在印出来的画册，跟日本比不了，跟德国就更比不了。国外的印刷技术会提升作品的品质，使插画师的作品更加精美，而中国的插画不少印刷出来反而会降低一个档次。像油画家如果想出一本画册，他肯定会找顶尖的印刷厂，但是国内绘本做不到这一点。

一本成人绘本的价格大约从 25 元到 45 元不等，尽管它的定价与插画师付出的努力并不匹配，但还是会有人嫌贵。如此一来，出版社也不敢定太高的价格，所以会拼命地压缩成本。绘本最怕的就是纸张选得不好，这个是致命的。绘本不像文字，什么样的纸张都能看。如果绘本的纸张比较差，那印刷出来的效果和原画相比就相差太多了，很有可能读者都没有机会知道作者画的到底是什么样子的。作为一个普通读者来说可能差别并不大，但对专业的、想通过这些书学习的人来说，可能就觉得难以接受了。既然出版社的纸张、颜色并不能达到理想的要求，那如果插画作者本人去争取、去督工是否可行呢？如果是没有什么地位的作者，他首先想的肯定是出版社能帮我出这本书已经不错了，至于其他的就不敢、不能要求，而且出版社也不会答应他。但如果是一个资深作者，出版社知道他的书一定会赚钱，就会考虑这个要求。而且这种作者选择面很大，不答应我的要求，可以换一家出版社。做绘本的出版社能够更专业一些、更了解绘本一些，用绘本的设计标准和要求来做，而不要用通用的印刷去做绘本。

同时，出版社为了控制成本，还会引发一系列的问题。绘本的发行渠道和一般渠道不同。这些发行公司也很尴尬，有时候他们觉得很看好的绘本，市场反映不一定好，他们不看好的市场却很好。有时候这些发行公司就靠着一两本书的销售量去扶持其他的，有点像赌博。现在的出版物比过去多了多少倍，但是质量却下降了。这也是市场造成的。因为插图和出版物是结合在一起的，出版界企业化管理之后就要市场化，它必须要赚钱。学术性很强的书没市场，于是这些东西就出得特别少。他们很多时候为了迎合市场，就出版一些内容低俗的东西。

事实上，一个职业插画师的工作难度确实并不亚于一个导演，他需要诠释每一个角色、神态、动作、场景，也需要考虑节奏、高潮、背景、形象，两者的区别只在于艺术的表现手法不同罢了。但是，插画师在中国只能算是一个小众职业，大众对其一知半解、懵懵懂懂。

四、插画界限混淆不清

在百度上搜索“插画”两字，有动漫中的飘逸少年，有动画片里的童真世界，有广受欢迎的几米漫画，还有各种美轮美奂的艺术创作。“插画”也瞬间变成了一个多义词，与漫画、动画、动漫、绘本等等不约而同地画上了等号。

对于这种情况，艺术院校的教师们有许多感慨。“中国缺少流行的插图，这就是一个瓶颈。与国外盲目接轨造成了概念上的混乱，尤其插图的界限混淆不清，盲目扩张将会失去自己的艺术特性和存在的价值。”

插画教学有自身的学科特质与规律，创作也有一套有别于其他画种的方法，目前我国大部分插画教学的师资设置是有问题的。当我们对插画专业的概念有待厘清的时候，当我们的教学对创作作品的优劣还缺少科学的评判的时候，当我们的师资力量既缺少专业的插画教师、又缺少有插画从业经历人员的时候，插画创作水准和教育培养都缺乏后劲。

这种混淆与混乱的局面同时也出现在了各类艺术院校的专业设置上。如中国美院的插画、漫画专业都隶属于传媒动画学院的动画系，而中央美院和广州美院则是把插画专业归属于版画系。放在动画学院下面的插画专业是偏动漫的，专业性会比较强；把插画放在版画系下面，这样比较偏重艺术性的探索，更靠近纯艺术。插画有很多不同的功能，比如设计方面要用到插画，建筑方面也要用到插画，还有时装、商业等等领域都有插画。

五、插画教育现难题，教学方向各有侧重

不论这一种绘画语言如何被定义或者讨论，都需要年轻人的想法和创造力，令其向更积极、更健康的方向发展，真正做到后继有人。不同艺术院校对于插画课程的安排和教学方向也各有侧重。

面对如今教育体系扩招的大环境，插图教育所有的课都是自己设立的，跟其他的专业都不重合。一年级都是上大课，二年级分到系里去了，系里又上了一年才分到专业的工作室。到工作室已经大三了，再学一年实际上就毕业创作了。这一年相当紧张，觉得时间特别不够用，学生也经常这样反映。如果把对艺术的教育说得很理性，理论化地去做很多比较、分析，那就不是创作了，反而会扼杀创作，这个东西很多时候是一种很自发的表达。如果比较有目的性地针对特定的年龄群，然后选择一种市场上没有人用过的技法，那么这不是一个艺术家的方式，是一种市场方式，是一种制造产品的方式。所以只提供的创作方式，而不提供那种方式的方法。

现在也有一些学校的插画专业和绘本做得不错、很完整，他们的作品也是很接近市场的，但是在他们的作品里，老师的痕迹很重，学生自发性的东西很少。教学应该更侧重让学生去发现自我，通过绘画或是通过绘本的手段，去发现自己生活中最核心、最感染人的东西。每个人的生命有属于自己的一种特质，有的人就是很粗犷的、很强烈的，那么他的故事就是要以这种方式去表达。老师花很多时间去帮助学生寻找他自己，所以出来的结果不一样，可能

不是去寻求完成一幅作品的成就感，也不是一味地去和市场接轨，而是让学生找到自己里面最闪光的东西，这个就会很动人，并且也能受到好评。一个同学以后做不做这一行或者是不是成为一个职业的插画师，这个不是最看重的。最看重的是学生作为一个人对于艺术的一种手法，去表现自己、去描绘自己、去找到自己，这个对他来说是最重要的。如果完全图解这个插图，它不叫插图艺术。所以在教学中比较注重再创作性，要超脱出文字的限制，发挥再创造和想象力，这在中国的艺术教育中比较弱。中国的插图问题很多，应该像足球一样，从娃娃抓起。

六、要做职业插画师很难

近几年来，艺术生的就业问题一直都是人们十分关注的热点，那么插画专业的就业情况到底是差强人意，还是令人大失所望？要成为一个职业的插画师到底难不难？

插画的市场非常大，比如绘本和出版物的插图是一类，影视、视频、公益广告里的插画又是一类，还有就是墙面壁画、画廊里的装饰画等等。因为和公司合作价格普遍偏高，所以像这样以个人名义接活儿的反倒有很多机会。

插画专业在就业上算是对接比较好的。插画的工作感觉是高高低低都有，这是一个很因人而异的工作，适应性比较强。有的去当老师，也有学生自己组了工作室，也有在公司里面做明信片设计。就业还比较容易，但是要做职业的插画师就很不容易了，要有一定的实力，要累积一定的经验、人脉，才能有机会做这样的活。

市场是有机会的，但是需要有耐心。现在这个市场，要画自己的风格来养活自己还是有困难的。特别是在开始的几年，但是只要坚持就可以有机会。做得最好的学生不是画得最好的，而是最有勇气、最有信心的。很多学生因为家里的压力，导致其没有空间去尝试、冒险，去发展自己的梦想。美院有很多同学画得非常好，但这种好并不代表一种稳定，大家都在寻找一种稳定的工作状态。现在是一个非常好的时代，这个时代包容度非常大，也确实是一个天道酬勤的时代。因为现在的绘本跟以前有很大的区别，它不把技巧放在第一位，而把趣味、生命力放在比较重要的位置。只要作品足够的成熟、完整、有特色，就能够被四方接受，能够被流传。有特色是最重要的，画得再好，没有特点也是很难被人记住的。

然而，虽然插画的市场很大，但由于国内插画的商业市场尚不健全，行业内还没有形成统一的规范，许多插画师的收入还是不能够获得有力的保障。和国外职业插画师较高的社会地位、经济收入相比，中国插画师的收入普遍偏低，很多插画师都反映，如果仅仅依靠插画所得的收入，“只能够维持最基本的生活”。也有不少插画师因为收入的问题，最终放弃了插画，转而去从事国画、油画的创作。

关于插画师的收入，比较有经验、有资历的插画家，每张插图的收入在 300 元至 1000 元不等；但如果是资历较浅、或是刚毕业的年轻插画师，每张插画的报酬在 100 元左右，甚至有的会低至 30 元一张。

插图基本上是按照画面的精细程度来决定，画的精细程度越高，花的时间越长，价格就会越高。插画师在收入上的尴尬局面，直接影响到了年轻人的职业选择。现在很多年轻人很迷茫，不知道怎么从事这个行业，因为毕竟收入很少。即使已经很出名了，也并不能赚很多钱。插画师只能靠一些杂志的连载拿到相对多一点的钱，但是如果要完全靠属于自己的一个绘本来赚到钱是非常困难的。好的畅销书动不动就销上10万册，但是绘本能上三四万就已经很不错了。所以很多想从事这个行业的人其实是很纠结的，大家可能会发现那些有名的插画师生活得很好，但他们没有发现那只是很少的一部分人。

七、国内外差距到底在哪里

面对并不完善的国内插画市场，面对插画教育领域许许多多的无可奈何，虽然近几年国家大力扶持动漫产业，但是占领市场和广受好评的电影与动画作品依旧都是日韩及欧美的占绝大多数。就连最热门的国产动画片都被家长们吐槽过于暴力，专业人士更批评其太弱智。相反地，欧美或者日韩的动画不仅受到小朋友的喜爱，更是受到广大成年人的青睐，甚至许多上世纪80年代的动画作品至今仍被奉为经典。

面对国内外如此强烈的反差，不禁引人联想，到底是中国的从业人员在专业能力上存在差距，还是日本的市场需求要比中国更胜一筹呢？恰恰相反的是有很多日本公司很喜欢中国人对软件的熟练度，中国员工在日本可以发展得很好。但是中国人欠缺的还是创新能力，中国人的创新能力还停留在80年代。对于我们现在这些小朋友来说他们的童年就是《喜洋洋与灰太狼》、《熊出没》，大部分还是来自于国外，要不就是不停地翻拍老式经典。

此外，当我们还在寻找经典的时候，日本、韩国已经开始入侵我们的经典，日本更以这样一种方式占据了中国大片的动画、插画市场。日本在很早之前就已经接近市场饱和，但他们的市场之所以能够那么健康地发展就是在于创新和占领国外市场。插画师这个职业在日本更受尊重和保护，日本国内的社会福利保障让职业插画师能在创作时没有后顾之忧。同时,日本很重视版权,有很多插画师的作品因为版权的问题并不在网上发布。另外值得一提的是,中国的动画与漫画市场,主要消费群体是孩子,在创作上受到一定的限制,而日本的市场不分男女老幼,非常广阔,他们一般在便利店里就可以买到许多插画师的作品以及周边产品。

一个艺术生的自我修养

周澍天

公元 2015 年 7 月 24 日，美国宇航局（NASA）向世界宣布：他们发现了一颗与地球相似指数达到 0.98 的类地行星——开普勒 452b（Kepler－452b）。

地球人类很兴奋，想着有了穿越时空他乡遇知己的可能。

我在想一个问题：假如你可以带一样东西去拜访这个地球 2.0版，你会带什么去？

这个问题看似不着边际：谁知道什么时候地球 1.0 上的人能够飞到太阳系外面，去登陆一颗那么遥远的行星？但其实这个假设的背后，对艺术家修养的思考，是一个离我们很近的问题。

因为搞艺术、设计工作的我们，如果真的可以带一件物品去拜访，多半都会选择带一件自己得意的作品去吧。

可是这得是一件什么样的作品呢？

要知道，这颗星球比地球老 15 亿年，如果上面有生命，什么世面没有见过？

最有价值的礼物，不过是我们发挥每一个人作为一个独特的你，所特别有的创造力和想象力。做一件东西，能够代表地球上一个人的特殊生存样本，大概会挺有意思的。

当然，这肯定是一件有故事的作品，就像电影海报上主角的眼神背后。讲得具象一点，可以借用今天很流行的一种说法，这件作品，必定是一件跨界产物。

我们美术生从高中过来，大部分都是文科生。学科分界的体系让我们习惯了"学完小学，数学还能有什么用?""牛顿、爱因斯坦、霍金名字听过不就好了!"

可是，你所推崇的审美，黄金比例是数学问题，瓷器源自物理、化学，"苹果"几件套，统统都建立在计算机科学的基础上。

古今中外，历史上伟大的艺术家，哪个甘心只做一个美术生。我想谈两位很有名的艺术家。

宋徽宗

宋徽宗赵佶是一位输了帝国的皇帝。但是从艺术的角度，我们毫无疑问地认定：他赢得了美。

他开创出来的宋代美学，是一门包罗万象的学问。

如今艺术院校的学生，进门就去了各个专业，史论系、书法系、绘画系、陶艺系、艺术鉴赏系……而宋徽宗一个人，就是综合艺术系。如果他要印一张名片，方寸之地，恐怕装不下他那么多货真价实的大家身份。

徽宗精于绘画，花鸟、山水都出神入化。

宋人邓椿在《画继》中称他"艺极于神"。他在政和初年所作的工笔花鸟画《筠庄纵鹤图》，仙禽二十，"或戏上林，或饮太液。翔凤跃龙之形，警露舞风之态。并立而不争，独行而不倚，各极其妙，而莫有同者焉"。概括成八个字，就是"形神毕肖，栩栩如生"。

山水画《奇峰散绮图》，给人感觉"咫尺千里"，使观览者"飘飘焉，峣峣焉"，站在仙境中，都分不清自己是人是仙了。

在《古今图书集成・艺术典》记载：连赵孟頫这样的书画大

家，在得到一幅徽宗所画的《竹禽》后，仍不禁题了四个字："何其幸耶！"

徽宗写得一手好字。据说当时徽宗极喜欢米芾的字，不由自主地模仿。权相蔡京婉言提醒："一代帝王学臣下的字似有不妥。"徽宗才自出机杼，创立了"瘦金体"，至今无人能够模仿其神韵。

现藏台北故宫博物院的《秾芳诗帖》："秾芳依翠萼，焕烂一庭中，零露沾如醉，残霞照似融。丹青难下笔，造化独留功，舞蝶迷香径，翩翩逐晚风。"你看徽宗的文字和瘦金体的书法，真的让人惊讶：这是一首亡国蒙尘词，可是徽宗眼里依然看到了如画的描述："浓艳的花傍著翠绿的叶，灿灿然开满庭院。清晨沾了露珠的花朵，娇羞如醉，黄昏的霞光照得它似乎要融化在晚风中。"

宋汝窑，是一千年的大名牌，它源自宋徽宗的创新。

这位帝王对古董的鉴赏力极为精湛，甚至别出心裁，他命当时定窑、汝窑等工匠模仿鼎、彝、盘、樽等青铜器烧制瓷器，巧妙地将青铜器器形和瓷器的质地结合起来。这个突破性的创意，显示出了徽宗艺术气质的不凡。

你看，一只汝窑天青无纹水仙盆，能自信地做到那么素，雾面、亮都不亮，却很美，没有一点花边、没一点火气，完全不表现，这是很难的。

他对瓷器的审美还有创意，宋朝的手艺，有本事把凡人称作工艺中的"败笔"，变成了一种新审美。至今全世界至今还在仿宋瓷的冰裂纹。这种纹路，本来是烧坏了留下的痕迹。但宋人觉得里面有种沧桑美，经历时间后，叫开片，他们用不同火温去烧出开片。本来是败笔、损坏却变成美，这是很特别的宋代美学。

宋徽宗可以说是故宫的第一任馆长。

一千年前他就有文物收藏的专业。他编了《宣和书谱》和《宣和画谱》,完整整理收藏的书法和绘画。

宋之前的唐朝,美是大红大绿,大富大贵。到了宋朝,艺术家敢用墨来画画,这墨分了五彩,墨比彩色还要高明,淡雅反而更形成高贵。

宋代推崇“柔的文化”。在这个行云游走各界的过程中,宋徽宗建立起了统治者的另一种品格:不会蛮横粗暴,不炫耀权力和财富。

宋歌颂梅花、枯木,他们含蓄内敛包容,尊重每个生命存在的意义价值,把缺陷变美,花很美,枯木也美,裂纹也可以构成美。美无所不在,看你如何去发现。

至今,宋代的美学影响力都没有消失。

达芬奇

还有一个人,是达芬奇。

除了每天被全世界的人蜂拥预约得到一个观摩机会的《蒙娜丽莎的微笑》、《最后的晚餐》,或者更专业的人会去盖地艺术中心之类的私人馆藏处看他的油画,其实达芬奇的一生,还积攒了六千件手稿。

这批手稿过去十年曾经在全世界巡展。达芬奇有一个方案本——一个很小的笔记本,用来随时记录他的感想和创意。他去世之后,这批东西保存得很好,后来又部分被英国女王收藏在温莎城堡,有部分收藏在巴黎的国家图书馆。这其中有许多,被比尔·盖茨买去。他一直认为,这是21世纪非常重要的物件。

这些笔记,都和我们所知道的他最伟大的成就——绘画,不是直接相关,或者说完全是不同领域的探索。

科学领域。达芬奇在手稿中记录了很多实验,曾经由斯德哥尔摩大学研究并制作出来。

大家发现,他当时设计的比如横跨伊斯坦布尔黄金角的240

米的桥梁,力学上是完全合理的。

还有他的飞行理论。达芬奇对于鸟的飞行一直很感兴趣,他曾经解剖过许多鸟,研究它们飞行时翅膀的伸张,他也尝试把鸟的翅膀用不同的材料复制出来。后来他发现自己研究的角度错误,因为鸟的飞行不止是翅膀的问题、伸张的问题,还和空气的压力有关。所以他开始研究空气的压力,也就是最早的空气动力学研究。

这些草稿里记录了无数成果或者失败的研究,不管结果如何,都是近五百年来几乎所有科学的基础。

达芬奇也是一个音乐家,曾被邀请到米兰做宫廷音乐师。他弹奏音乐很厉害,歌也唱得好,还会作曲。他做过一些尝试,把一根草绑在琴弦上,拨动琴弦去记录琴弦震动的频率、力度和琴弦停止的次数。他相信声音是一种波,他是最早的声波研究者。

关于波的研究,他还做过两个实验。有一段时间,达芬奇在做流体力学的研究,会丢一块石头到水里,观察水波一波一波地荡开,然后去研究水波的区别。石头的重量、高度、丢下去的力度,和水一波一波荡开,会到第几波停止……然后他可能把这个波跟刚才那个声波结合。

他的手稿里,还记录着他曾经在一个黑暗的房间里划了一根火柴,写下:“光应该是一种波,可是速度太快,我没有办法计算。”

达芬奇令人震惊的东西,并不只在于一张画,而在于他进行的许多探讨,想要研究过去人类不知道、未来可能会知道的事情。所以他画许多画作,也许作为观赏者,不应该只从画的角度去看,这里可能包含了许多他正在探索、思考的问题。

比如,医学领域。曾经有人委托达芬奇画一个宗教故事,描述一个叫圣杰罗姆的老基督教徒,是苦修派的,人很瘦,手上拿着一块石头,常常要击打自己的身体修行。

这个母题很多人画过，不少操作方法是找一个年老、清瘦的模特，拿一块石头，做一个这样的动作，就可以照着画了。

达芬奇与众不同的是，他觉得这样是不够的，他很想了解在手拉动的时候，整条手臂有哪几块骨骼和肌肉会联动起来。

当时没有解剖学，也没有人敢研究，因为宗教认为身体是神创造的，不可以研究。于是他就偷偷地解剖尸体。

达芬奇对解剖学的贡献非常大，特别在米兰的时候，他把自己关在一个公墓里，解剖了三十具尸体，包括老人、小孩、女性、还有怀着孩子死去的女性，整个子宫被解剖出来，能清楚地看见婴儿在里面的状况，他全部记录下来，密密麻麻地。

他还把静脉和动脉全部做了解剖，是他第一个发现进入心脏的血液和从心脏出来的血液是不一样的。他是最早记录静脉流、区分左右心室的人。

今天在医学、生理学、解剖学，他都是鼻祖；神学说人是神创造的，他不满意这个解释，想对这个问题作出自己能够信服的解答，他开始死探索这个世界，再把他的探索，运用在他的作品当中，成就了达芬奇的传奇。

这两位艺术家的故事，已经昭示了我们接下去要说的方法论。

谈方法，我不会回答大学生最喜欢提的这类问题："我现在应该看什么书、看什么视频、参加什么活动？"

我给大家讲跨界的方法论想说：绘画并不止是画画一件事。画画是一种思维模式，一个思考问题的方式。画画的过程，可能也是一个解开很多神秘理论的过程。要记住，你是一个创造者，你的使命是把自己与生俱来的好奇心，像挖矿一样挖掘出来，让它们集聚，力量达到足以推动你去探索。

我们要做的，是在技能中找到节奏感。借由某种技能的培养，帮助你找到底层的能力。

这些能力的奥秘是什么呢?

一千多年前,儒家的先生们早就替我们概括好了:仁、义、礼、智、信。

同情的能力,也指感受力;原则性的能力;尊重的能力;分析出异同的能力;坚持信念的能力。

作为一个搞艺术的学生,如果能够把这五种磨炼好,我相信不管做什么,都是支撑跨界的核心能力。

所以,在学技能的时候,你一方面学会了一种本领,你同时在修行,学到了一种“道”。

30 岁之前的时期,是在练一个未来艺术家的本,根深才能叶茂。我们现在的专业训练和职业规划都是本末倒置的。

事实上,一切“弯路”,像回望历史、关注民生、欣赏音乐……看似是你作为绘画专业学习的旁枝末节,与你所谓的事业无关,其实都必将是“直路”。“凡走过的,必留下痕迹”,读过的书,思考过的问题,会在你的眼神和精气神里留下内容,这些内容,总有一个时间点会爆发出来成就你。

禅定与创新是相互的。

禅定,是不动的;创新是动的、变的。如果你没有一种不动的东西,相当于一种本在那里,那你就会本末倒置,

如果你能够专注在一些好奇的事情上,由此展开相关的扎实的探索,你内心感受到的一点一点的小的东西,就会幻化,变成你打通事业“任督二脉”的穴位。

当你把握住一个点的时候,你怎么做都行。当你找到这个点的时候,你就会达到一种“定”的状态,会找到从容,你会成就一个跨界的、丰富的作品。

产业"互联网+"化,"互联网+"产业化

——以杭州文创产业为例

张 伟 俞香云

杭州文创产业在全国是有广泛影响力的。根据中国文化创意产业网的数据,中国文化创意产业最具影响力的十大城市排名第一是北京,第二是上海,第三是杭州。2014 年,杭州文创产业增加值达 1607.27 亿元,占全市 GDP 的 17.5%,增长 15.9%,从业人员 33.68 万。这些成绩的取得除了杭州市委市政府对文创产业的重视以外,和杭州市文创企业主动拥抱"互联网+",实施"产业互联网+化,互联网+产业化"战略也有直接的关系。下面,我来谈一下杭州文创产业在"互联网+"方面的情况。

一、文创产业"互联网+"化

(一) 传统业态加互联网获得新发展

2014 年,华策影视正式联姻百度,与百度旗下业务爱奇艺、百度游戏、百度音乐、百度文学、百度贴吧、及百度的搜索引擎、广告平台等进行全面合作。

华策的做法一:借互联网思维,推动生产模式创新。

华策的生产模式创新:一是对百度娱乐搜索入口大数据的应

用。合作后，百度爱奇艺将向华策开放大数据，华策影视有机会借助搜索分析和定位，真正拥有稳定海量用户的平台，通过用户思维深度实践和用户体验持续改善，创造出真正以用户为导向的影视内容。二是众筹。随着互联网的融入，不仅创新了整个影视业的资金运作模式，又同时从用户角度出发生产迎合大众的“全民盛宴”。

华策的做法二：借互联网思维，推动营利模式变革。

华策影视将旗下艺人、剧目、演艺资源充分与百度贴吧、小米社群对接，实现商业模式转变。1. 充分开发华策影视最热门的 IP 作品，挖掘优秀 IP 的最大商业价值。同时尝试付费点播，提升了互联网渠道的播放优先级。2. 衍生品业务开发。包括：作品游戏授权、音乐版权数字化、付费阅读、实物衍生品、艺人经纪业务等。

(二) 纸质媒体加互联网获得新生机

为了顺应互联网时代潮流，2014 年，杭州日报报业集团提出了构建“以现代传媒集群为核心平台的城市生活服务商”的目标定位，构建“新媒体集群＋融媒体集群”的全新媒体平台。

1. 新媒体开发。杭报集团已形成了包括报纸、刊物、网站、手机报、官方微博、官方微信、移动客户端、网络视频、户外阅报栏、广播、电视等多种传播形态、多元传播渠道、多个平台终端的全媒体矩阵。

2. 新媒体综合。杭报集团还涌现一批在媒体综合方面有较大影响力的品牌拳头产品，如营收超亿元的 19 楼、快房网、杭州网、杭报在线、萧山网等千万级以上营收规模的网站，城市通、无线萧山、无线富阳、掌上余杭等一批区域化移动客户端脱颖而出，形成了广泛影响。

二、“互联网＋”文创产业化

我这里讲的“互联网＋”是指那些互联网企业，现在都在纷纷转向文创产业，为文创产业发展带来巨大商机。

（一）网络巨头加文创产业获得新机遇

网络巨头阿里巴巴进军文创产业做了三件事：

1. 认购“文化中国”股份。阿里认购“文化中国”，看点在于双方在文娱产品投资、生产、发行、消费整个流程上的探索型合作。

2. 与横店影视实验区联手。阿里巴巴影业集团有限公司与浙江横店影视产业实验区在浙江横店签署合作意向书，阿里影业将与横店影视实验区联手投资成立影视公司，并将该影视公司打造为结合电子商务和电影、电视剧互利共赢发展模式的影视平台。

3. 进军美国好莱坞。2015 年 6 月 24 日，阿里巴巴旗下的阿里影业发布声明称，与派拉蒙影业联手在中国推广《碟中谍 5：神秘国度》。阿里影业将在华网上售票、推广和相关产品销售进行合作。

（二）中国移动加文创产业获得新平台

杭州已经成为中国移动互联网手机阅读中心，在全国手机阅读的内容 50％是由我们杭州人提供的。中国移动手机阅读基地作为国内最大的数字阅读平台，从 2015 年改名为咪咕数字传媒有限公司，5 月开始正式运营，公司将服务范围进一步延伸到包括手机、平板电脑、PC、车载及家庭设备在内的平台建设、产品开发、业务以及内容运营。在“和阅读 APP”内，汇聚了超过 43 万种精品正版内容，涵盖图书、杂志、漫画、听书、图片等产品，覆盖 90%以上的榜单图书。2015 年手机阅读这块整体收入将突破 70 亿元。

三、关于“互联网＋”时代产业如何创新的几点思考

（一）从哲学意义上看“互联网＋”是一种综合过程。互联网加这个，加那个，到底是什么呢？我们只有上升到哲学高度，才能把握事物的本体意义。我理解互联网＋就是综合思维方式。综合的概念来自康德。康德认为有两种判断，一个是分析判断，一个是综合判断，分析判断对知识的内容毫无增加，因为它似乎解释性的；综合判断能够对知识的内容有所增加，因为它是创造性的。古茨塔夫·勒内·豪克认为 21 世纪是综合的时代，把综合称之为组合的技巧。互联网＋的综合是一种创新的过程。互联网＋媒体产生网络媒体；互联网＋娱乐产生网络游戏；互联网＋零售产生电子商务；互联网＋金融形成文化金融等。

（二）“互联网＋”不仅是虚拟的新经济形态，也是一种全新的生产方式和生活方式。“互联网＋”是以移动互联网、云计算、大数据、物联网为代表的新一代信息通信技术与经济社会各领域、各行业的深度综合和跨界综合，是全球新一轮科技革命和产业变革的核心内容。加快互联网与各个产业在更广范围、更深程度、更高层次的综合，打造产业新动能、引领产业新常态，既是大势所趋，也是发展所需。在“互联网＋”的时代，各个产业必须要运用互联网思维，跟上时代步伐，可以说今后相关产业能够走多远取决于与互联网综合的程度有多深。

（三）运用“文化＋”思维，实现产业综合。在“互联网＋”的时代，也要关注“文化＋”。第一，要运用“文化＋”思维，把文化创意

融入各个产业，打造品牌，提升附加值，走品质、高端路线，不再做低端制造。凡是高端的品牌产业，都包含创意设计和文化元素。而且“文化+”思维，实现跨界综合将是未来发展的一个核心方向，能够大大拓展文化创意产业的空间，实现产业综合。第二，用“文化+”思维就要强调内容为王，重视原创。互联网只是帮助建立传播平台和商业模式，至于产品的内容还要依赖于原创，原创的富有意味的内容是最富有竞争力的所在，是王道。

（四）实施人才驱动战略，助力“互联网+”发展。“互联网+”的创新是靠人来“加”的，没有人才创新“互联网+”就是一句空话。杭州师范大学成立的文化创意学院，就是落实“人才新政 27 条”的具体体现。我们将联合社会各界专家、企业机构，创新办学模式，不排除股份制体制的可能，欢迎各界来“加”我们，为杭州培养更多的文创产业人才，实现共赢的目标。

后　　记

“创意经济”作为一种概念或发展战略自上个世纪 90 年代在英国率先被提出以来，在欧美发达国家兴盛发展，并迅速成为一种全球现象。早在本世纪初期就有西方学者断言“创意时代”已经到来，在今天，文化创意产业毫无疑问已经成为全球最具活力的一大经济产业。我国文化产业发展在近十年来呈成倍增长的快速发展势头，在国民经济中占据着日趋重要的地位，今年年初发布的国家《“十三五”规划纲要》明确指出，要在“十三五”时期实现“文化产业成为国民经济支柱性产业”的目标，这充分体现了中央大力推进文化创意产业发展的决心和信心。在全球金融危机的影响尚未消退、中国经济进入“新常态”的历史背景下，大力发展文化创意产业意义尤为重大。

杭州是我国发展文化创意产业的先行城市，产业综合实力在全国处于领先水平。2015 年，全市文创产业总价值超过 2232 亿元，占全市 GDP 比重达 22.2%，文创产业实力稳居全国城市第三。为了打造文化强市、继续保持杭州文化创意产业在全国的领先优势、加快建成全国文化创意中心，在杭州市委宣传部的大力支持下，杭州师范大学文化创意学院于 2015 年 6 月正式成立。学院成立和建设的宗旨就是要着力打造全国一流的文化创意专家智库、理论研究基地和人才培养高地，为杭州文化创意产业的发展提供有力的人力与智力支持。

本书是杭州师范大学文化创意学院教师通力合作的成果，共收集论文22篇，参与写作的教师有二十余名，从作者的年龄、职称和研究领域等方面来看，学院已经初步形成了一支结构较为合理的文化创意产业研究和教学团队。从全书内容来看，本书力图把握和图绘浙江“文化创意产业新趋势”，所收集的论文主要可以分为三大类型：第一是针对浙江省及杭州市文化创意产业发展现状所做的调查报告，在总结当前产业发展成绩和问题的基础上，对区域文创产业进一步发展提出针对性建议；第二是对于当前高校在文化创意产业人才培养机制、相关专业学科教学体系建设中所存在的具体问题进行反思和探索，揭示和分析当前较为突出的认识误区和体制缺陷，并结合教学实践经验提出相应对策；第三是对当下文化创意产业发展过程中出现的“互联网＋”、“IP热”、“全媒体”等热门现象和作品进行回应，重新思考在新的经济、社会、文化、技术语境下，文化创意作品和产品如何才能做到与时俱进。

《诗》云：“靡不有初，鲜克有终。”本书只是初创的文化创意学院所做的初次尝试，在“后G20”时代，杭州文化创意产业必将拥有更加光明灿烂的未来，文创学院也将砥砺前行，为杭州文创产业的发展注入源源不断的动力和活力。由于作者水平有限，并且时间仓促，本书中恐有疏漏或不足之处，敬请广大从事文化创意产业实践和研究的专家、学者及其他读者不吝赐教。

图书在版编目(CIP)数据

文化创意产业新趋向：浙江省文化创意产业研究报告/范小春主编. —上海:上海三联书店,2017.6
ISBN 978-7-5426-5877-7

Ⅰ.①文… Ⅱ.①范… Ⅲ.①文化产业—研究—浙江
Ⅳ.①G127.55

中国版本图书馆 CIP 数据核字(2017)第 050896 号

文化创意产业新趋向
——浙江省文化创意产业研究报告

主　　编 / 范小春

责任编辑 / 冯　征
装帧设计 / 徐　徐
监　　制 / 姚　军
责任校对 / 张大伟

出版发行 / 上海三联书店
(201199)中国上海市都市路 4855 号 2 座 10 楼
邮购电话 / 021-22895557
印　　刷 / 上海展强印刷有限公司

版　　次 / 2017 年 6 月第 1 版
印　　次 / 2017 年 6 月第 1 次印刷
开　　本 / 890×1240　1/32
字　　数 / 250 千字
印　　张 / 8.375
书　　号 / ISBN 978-7-5426-5877-7/G·1453
定　　价 / 38.00 元

图书在版编目(CIP)数据